Ingrid Gnettner

Wahrnehmungs-spiele für alle Sinne

Die schönsten Ideen für Krippe, Kita und Eltern-Kind-Gruppen

DON BOSCO

Gerne nehmen wir Ihre Anregungen, Wünsche, Kritik oder Fragen entgegen:
Don Bosco Medien GmbH, Sieboldstraße 11, 81669 München
Servicetelefon: (0 89) 4 80 08-341

Bibliografische Information der Deutschen Nationalbibliothek

Die Deutsche Nationalbibliothek verzeichnet diese Publikation in
der Deutschen Nationalbibliografie; detaillierte bibliografische
Daten sind im Internet über http://dnb.d-nb.de abrufbar.

1. Auflage 2012 / ISBN 978-3-7698-1905-2
© 2012 Don Bosco Medien GmbH, München
www.donbosco-medien.de
Umschlag, Layout: ReclameBüro, München
Illustrationen: Eva Gnettner
Notensatz: Nikolaus Veeser, Schallstadt
Satz: Don Bosco Kommunikation GmbH, München
Produktion: Don Bosco Druck & Design, Ensdorf

Gedruckt auf umweltfreundlichem Papier

Inhalt

Die Eule ist leise.
Sie fliegt in der Nacht,
wenn kaum einer wacht.
Sie lauscht und gibt acht.
Die Eule ist leise.
Man sagt, sie ist weise.

Zu diesem Buch

Unerschöpflich sind die Möglichkeiten, einen „sinn-vollen" Alltag zu erleben und die Wahrnehmung der Kinder, die uns anvertraut sind, zu fördern.

Sind wir als Erwachsene offen, neugierig und begeisterungsfähig, können wir diese Aufgabe erfüllen und bekommen dabei selbst viel geschenkt, wenn wir die Zeit mit den Kindern – wo immer es möglich ist – in ihrem Tempo verbringen und uns auf ihre Augenhöhe begeben.

In diesem Buch finden Sie viele Anregungen und Ideen aus meiner langjährigen Praxis in Einrichtungen für Kinder im Krippen- und Kindergartenalter.

Auf die physiologischen Grundlagen und das weite Feld der Wahrnehmungsstörungen will ich hier nicht eingehen. Ausführliche Informationen dazu finden Sie in der Fachliteratur.

Bewusst habe ich auf eine durchgängige Gliederung nach den einzelnen Sinnen verzichtet, da Ganzheitlichkeit in meiner Arbeit mit Kindern im Vordergrund steht und die meisten Angebote und Projekte sich nicht auf einen einzelnen Sinn beschränken.

Unsere Sinne und damit die Wahrnehmung nicht als etwas Selbstverständliches, sondern als etwas Kostbares anzusehen – auch dazu sollen die Anregungen in meinem Buch beitragen. Wahrnehmung will gepflegt werden, damit sie unser Leben nicht nur funktionieren lässt, sondern bereichert.

Wache Sinne für alle Tage
wünscht Ihnen und den Kindern, die Sie begleiten

Ingrid Gnettner

Mit allen Sinnen die Welt entdecken

Kleine Kinder erforschen ihre Umwelt mit allen Sinnen. Ihre Augen folgen neugierig allem, was sich in ihrem Gesichtsfeld bewegt, sie drehen den Kopf, sobald sie Geräusche hören, untersuchen ihre eigenen kleinen Hände und Füße und stecken alles in den Mund, was für sie greifbar ist.

Sobald sie krabbeln können, ist nichts mehr vor den kleinen Forschern und Entdeckern sicher. Unendlich viele neue Dinge müssen kennen gelernt werden! Unendlich groß und fremd ist die Umwelt des kleinen Menschen, die uns Erwachsenen doch in diesem Rahmen vertraut und überschaubar erscheint.

Diese alltägliche Entdeckungsreise ist spannend und anstrengend für die Kinder. Das gute Maß zwischen Förderung und Überforderung zu finden, ist nicht immer leicht. Kinder brauchen Anregungen von Anfang an, aber sie brauchen auch viel Zeit und Ruhe und die Möglichkeit zu ständiger Wiederholung, um Neues zu speichern und das gerade Gelernte mit bereits früher gemachten Erfahrungen zu verbinden.

Kleine Kinder, die in Ruhe und ausgiebig Material und Gegenstände untersuchen, tun das mit allen Sinnen. Sie lernen die Dinge von allen Seiten und mit all ihren Eigenschaften kennen. Ein einfaches Stück Holz zum Beispiel fesselt für lange Zeit ihre Aufmerksamkeit:

- Wie sieht es aus?
- Wie klingt es, wenn ich es fallenlasse oder auf einen anderen Gegenstand schlage?
- Wie riecht es?
- Wie schmeckt es?
- Wie fühlt es sich an?

Ganzheitlich leben und lernen

Erwachsene nennen diese Vorgehensweise „ganzheitliches Lernen". Manch einer ist erst auf Umwegen zu der Einsicht gekommen, dass einseitige Förderung, die sich nur auf einen kleinen Teilbereich beschränkt, lange nicht so erfolgreich ist wie eine umfassende Herangehensweise, die dem Kind entspricht und den ganzen Menschen umfasst und nicht nur Teilbereiche anspricht.

Gerade Kinder im Krippenalter brauchen diese Ganzheitlichkeit des Lernens, um Zusammenhänge zu verstehen und sich ein realistisches Bild von der Welt zu schaffen.

In Amerika wurde der Versuch unternommen, schon Babys durch DVDs optimal zu fördern, beispielsweise mit Fremdsprachenprogrammen. Dieses Experiment hatte nicht nur keinen Erfolg, sondern erwies sich sogar als schädlich, da es die geistige Entwicklung der Kleinsten behindert statt gefördert hat.

Fachleute betonen immer wieder, dass Babys, aber auch 2- bis 3-Jährige mit allen Sinnen lernen und dass durch die Informationen am Bildschirm falsche Zuordnungen im Gehirn entstehen. (Das gilt übrigens auch für größere Kindergartenkinder!)

Die bekannte Stimme der Mutter (oder einer anderen Bezugsperson), der Körperkontakt, die Stimmung, die das Kind spürt, und sogar der vertraute Geruch schaffen ideale Lernvoraussetzungen.

Aber auch für Erwachsene ist das Erleben und Lernen „mit allen Sinnen" befriedigender, weniger anstrengend und weitaus effektiver.

Wenn wir im Alltag darauf achten, fällt uns auf, dass selten ein einziger Sinn an der Wahrnehmung beteiligt ist, sondern fast immer mehrere Sinne. Nur einige Beispiele:
• Wir sehen und hören einen Vogel.
• Wir sehen und fühlen Stoffe und anderes Material.
• Wir sehen, fühlen, riechen und schmecken Obst und andere Nahrungsmittel.

- Wir fühlen und sehen Material wie Holz und Metall, wir können den Unterschied aber auch hören (wenn wir auf den Gegenstand klopfen oder ihn fallen lassen). Vor allem frisch geschnittenes Holz können wir dazu noch riechen, und wir können das Material sogar schmecken (wie es kleine Kinder tun).

Sehen, hören, riechen, schmecken und fühlen wurden lange Zeit als „unsere fünf Sinne" bezeichnet.

Inzwischen zählen wir auch den Körpersinn mit dazu, der Gleichgewicht, Lageempfindung und das Spüren von Temperatur und Schmerz umfasst.

Erfahrungen aus erster Hand

Wie wichtig die unmittelbaren Erfahrungen sind (so genannte „Erfahrungen aus erster Hand"), ist inzwischen bekannt. Was Kinder mit all ihren Sinnen entdecken und lernen, bleibt ihnen lebendiger im Gedächtnis als Dinge, die sie nur als Abbildungen sehen (in Büchern oder auf dem Bildschirm) oder hören (durch Erzählungen, auf CDs oder im Radio). (Abgesehen von der schädlichen Wirkung, die manche Medien auf die Kleinsten haben. Im vorigen Abschnitt habe ich darauf hingewiesen.)

Kinder sollten so oft wie möglich Dinge be-greifen! Gerade in den ganz kleinen und alltäglichen Dingen erwerben sie dadurch vielfältige Kenntnisse und erfahren erste physikalische Phänomene.

Ein besonderes Erlebnis ist für die meisten Kinder in unserer Zeit beispielsweise der Besuch auf einem Bauernhof. Die direkte Begegnung mit einer Kuh, ihre mächtige Gestalt, der Geruch im Stall, das feuchte Maul, die großen Augen und die lange Zunge, das beeindruckende „Muh" (das den Kindern zwar in vielen Versen und Liedern begegnet, dessen kräftiger Klang sie aber „in Natur" oft erschreckt, zumindest aber erstaunt), das Gefühl, wenn wir den warmen Bauch der Kuh berühren, die Schnelligkeit, mit der die Tiere über die Weide galoppieren können, oder die Ruhe, die eine Herde auf der Wiese liegender Kühe vermittelt – das alles kann durch kein noch so schönes Buch, durch keinen noch so lebendig gestalteten Film vermittelt und ersetzt werden!

Viel zu oft sind unsere Kinder mit „Erfahrungen aus zweiter Hand" konfrontiert. Das eigene Erleben hat in einer Welt, die von Medien immer mehr bestimmt wird, wenig Platz. Abstrakte Wissensvermittlung ersetzt dabei in großem Umfang die eigene Erfahrung.

Ein fruchtbares Nebeneinander und Miteinander dieser beiden Lernmethoden – die direkte Begegnung einerseits und der Gebrauch verschiedener Medien andererseits – ist dringend nötig, um das Leben und Erleben sinnvoll zu erhalten, das heißt auch: mit Einbeziehung all unserer Sinne zu lernen.

Kinder, die im unmittelbaren Kontakt mit ihrer Umwelt, mit Natur und Technik, aufwachsen, entwickeln eine Sicherheit und ein Selbstbewusstsein, die zur Bewältigung der Entwicklungsaufgaben, die ihnen bevorstehen, unverzichtbar sind.

Die Sinne als Tore zur Welt

Stellen wir uns unsere Sinnesorgane wie verschiedene Türen zu unserem Inneren vor: Durch die Augen wandern Bilder aus der Umwelt herein, durch die Ohren strömen Geräusche und Klänge, durch die Nase fließen Gerüche, und durch den Mund gelangen verschiedene Geschmacksrichtungen in unseren Körper. Durch die Haut dringen dazu noch die Oberflächenbeschaffenheit von Dingen und andere Empfindungen ein.

Auf verschiedenen Pfaden machen sich die vielen verschiedenen Eindrücke, die wir auch als „Reize" bezeichnen, in Windeseile auf den Weg zum Gehirn, wo sie zu einem Ganzen verbunden werden. Im Gehirn vollendet sich das, was wir Wahrnehmung nennen.

Ob wir achtsamer mit unseren Sinnesorganen umgehen würden und mit dem, was wir ihnen zumuten, wenn wir uns dieses Wunders bewusst wären?

Reizüberflutung

Bleiben wir bei dem Bild der vielen Türen und stellen wir uns vor, was passiert, wenn uns zu viele Reize begegnen.

Was für ein Gedränge an den Eingängen, was für eine Unruhe und ein Geschubse! Mancher wird zerquetscht den Weg nach drinnen finden, ein anderer wird wohl auf der Strecke bleiben, weil er nicht massiv und laut genug sein Recht eingefordert hat.

Dieses Drängeln hört natürlich hinter den Türen nicht auf, es setzt sich fort auf den Wegen zum Gehirn und nimmt auch dort kein Ende. Kein Wunder, wenn hier irgendwann das Chaos perfekt ist. Vielleicht brennt gar eine Sicherung durch, und der Notstand wird ausgerufen.

„Reizüberflutung" nennen die Fachleute das, was diesen Zustand auslöst. Unruhe, Konzentrationsschwäche, Aggression, Ermüdung, Kopfschmerzen und vieles mehr sind die Symptome.

Versuchen wir, uns einen Teil des Gehirns wie einen großen Lagerraum vorzustellen. In riesige Regale werden die Dinge eingeordnet, die uns die Sinne als Reize anliefern.

Wie einfach ist eine übersichtliche und damit sinnvolle Verteilung in die entsprechenden Fächer, wenn ein Päckchen nach dem anderen oder zumindest eine überschaubare Menge eintrifft!

Andererseits habe ich das Bild eines überladenen Förderbandes vor mir, das Haufen von Paketen einfach auf den Boden schüttet. Der Berg wird immer größer, es ist kein Ende in Sicht, wir haben den Überblick verloren und geraten in Panik. Wir geben auf und stumpfen ab oder „drehen durch". Wir wünschen uns nichts sehnlicher, als dass das Förderband endlich stoppt und uns Zeit zum Aufräumen lässt!

Wahrnehmung braucht Zeit und Ruhe

Wahrnehmung braucht Zeit und Ruhe, aber nicht nur das.

Offenheit

Wirklich wahrgenommen wird nur das, was uns interessiert.
Neugierig zu sein ist eine der wichtigsten Eigenschaften kleiner Kinder. Neugierde ist die Basis für das Lernen. Kleine Kinder sind dem Neuen meist ohne Angst zugewandt, sie sind offen für alles, was wir Erwachsene ihnen anbieten.

Unsere Sprache beschreibt das Gegenteil sehr gut: Jemand ist abgekapselt, verschlossen oder igelt sich ein. Er wehrt die Eindrücke ab, stellt vielleicht gar seine Stacheln auf – wer oder was sollte ihn da erreichen und „berühren"?

Ein verschlossener Mensch ist nicht bereit, seine Sinnes-Türen zu öffnen. Wie viel an tiefer Wahrnehmung entgeht ihm dadurch!

Auch Aufgaben, die wir pflichtgemäß und ohne Lust erledigen müssen, können unsere Wahrnehmung einschränken. Wir sind entweder auf das Nötigste konzentriert, ohne nach außen offen zu sein, oder wir sind auf unsere Vorurteile und negativen Einstellungen fixiert, die aus dem Zwang, etwas tun zu müssen, und aus unserer eigenen Lustlosigkeit entstanden sind. Auch hier werden positive Wahrnehmungen mit ziemlicher Sicherheit verhindert.

Aufmerksamkeit

Wahrnehmung braucht Aufmerksamkeit.

Sind wir in ein Gespräch vertieft oder mit der Lektüre eines spannenden Buches beschäftigt, versinkt die Welt um uns. Unsere Wahrnehmung konzentriert sich auf einen kleinen Bereich, der uns im Augenblick sehr wichtig ist und uns fesselt.

Auch bei Kindern fällt uns manchmal diese Konzentration beim Spiel auf, vor allem bei Dingen, die den Forschergeist wecken oder viel Raum lassen für eigene Kreativität. Selten passiert das bei kompliziertem vorgefertigtem Spielzeug, vor allem wenn die Funktionen genau festgelegt und dadurch eingeschränkt sind und damit auf Dauer wenig Reize bieten.

Andererseits zeigen Kinder, die sich in der Natur aufhalten, immer wieder dieses versunkene Spiel in uneingeschränkter Aufmerksamkeit: Kinder, die Schnecken beobachten, mit Steinen spielen und bauen oder im Sand oder in der Erde Landschaften entstehen lassen. Auch beim Experimentieren und Konstruieren mit Holz, Pappe und Alltagsmaterial habe ich diese Aufmerksamkeit und Ausdauer bei Kindern gefunden.

Da kann es dann passieren, dass so ein Kleiner sich in seiner Aufgabe nicht stören lässt, egal, wie oft ein Erwachsener ruft. Natürlich will das Kind seine Arbeit noch nicht beenden; aber vielleicht hat es wirklich das Rufen nicht gehört, weil seine Wahrnehmung ganz in seinem Tun gefangen war und alle Geräusche außerhalb das Kind einfach nicht erreichten.

Achtsamkeit

Manche Dinge können wir nur wahrnehmen, wenn wir achtsam sind.

Die zarten Blütenblätter, eine Flaumfeder, aber auch die verschiedene Beschaffenheit von Oberflächen werden wir nur fühlen, wenn wir nicht grob zupacken, sondern vorsichtig tasten und sorgsam mit den Gegenständen umgehen.

Leise Geräusche hören wir nur, wenn wir selbst nicht laut sind.

Aufmerksamkeit und Achtsamkeit hängen hier eng zusammen.

Zeit

Kinder erleben am Anfang die Zeit noch nicht als eingrenzend und bestimmend. Sie leben im Augenblick und lassen sich so viel Zeit, wie sie für die Tätigkeit, die sie gerade ausüben, brauchen. Sie wiederholen Handlungen immer wieder, ohne dass ihnen langweilig wird, oder sie sitzen da und beobachten mit großer Ruhe und Ausdauer. Sie liegen zufrieden auf dem Rücken und probieren Laute aus. Sie genügen sich selbst in diesem Augenblick.

Schon bald wachsen die Kinder in die Zeit des Erwachsenen hinein. Zeit ist plötzlich begrenzt. Es kann nicht mehr gewartet werden, bis der Turm aus Bauklötzen fertig gebaut oder die Schnecke am anderen Ende des Weges angekommen ist. Die kindliche Arbeit wird unterbrochen, bevor eine wichtige Erfahrung gemacht werden konnte. Termine bestimmen den Alltag. Die Zeit wird eingeteilt. Für das Große und Ganze ist oft wenig Zeit.

Natürlich ist unser Leben ohne diese Gliederung nicht möglich.
Wir sollten uns aber immer wieder bewusst machen, dass Kinder für ihre ersten Erfahrungen und Lernaufgaben sehr viel Zeit brauchen. Vielleicht gelingt es uns dann, ihnen mehr als bisher solche ungeteilten Zeiträume zu verschaffen.

Auch ein unverplantes Wochenende und ein Urlaub ohne „Großereignisse" kann für Kinder (und genauso auch für Eltern!) zu einem befriedigenden Abenteuer werden und allen vielseitige Lebenserfahrungen bieten.

In vielen Krippen und Kindergärten sind die Tage mit Aktionen und Beschäftigungsangeboten ausgefüllt. Zwar ist die Bedeutung der Freispielzeit inzwischen allen Erzieherinnen bekannt, aber wirklichen Freiraum mit entsprechendem anregenden Material gibt es für viele Kinder oft doch zu wenig.

Eigene Vorstellungen und die Erwartungen der Eltern, die Anforderungen von Bildungsplänen und der Leistungsdruck, der im Vergleich mit anderen Einrichtungen am Ort oder im Umkreis entsteht, wirken manchmal in eine Richtung, die nicht unbedingt immer den Bedürfnissen der Kinder entspricht.

Ruhe

Ruhe entsteht oft von selbst aus der Verbindung von Zeit und Aufmerksamkeit. Ruhe kann vom Erwachsenen vermittelt werden. Seine Gesten und Bewegungen, die Lautstärke und der Klang seiner Stimme, sein Blick – sie alle können Ruhe ausstrahlen und sie auf die Kinder übertragen. Voraussetzung ist aber, dass diese Ruhe nicht „aufgesetzt" ist, sondern dass der Erwachsene sie empfindet und lebt.

Ruhe findet ein Kind nur, wenn nicht zu viele Reize auf es einströmen, wenn es sich einer Sache (und wenn es das Nichtstun ist!) widmen kann, ohne gestört und ständig abgelenkt zu werden. Genau so wichtig ist eine gute Atmosphäre, im Raum wie im Miteinander der Menschen, die darin leben. Dazu gehört auch die gute Beziehung zu den Erwachsenen, die dem Kind Sicherheit gibt.

Manchen Erziehern fällt es schwer zuzulassen, dass Kinder in ihrer Gruppe nichts tun, dass sie anderen nur beim Spielen zuschauen oder dass sie träumend auf dem Boden liegen. Kinder brauchen diese Zeit und Ruhe (manchmal sogar auch die Langeweile), um dann wieder mit Konzentration aktiv zu sein. (Auch für Erwachsene wären diese kleinen Auszeiten bisweilen gut!)

Kinder wissen oft sehr genau, was sie gerade brauchen, und wenn wir sensibel und erfahren sind in der Beobachtung unserer Gruppe und der Wahrnehmung des einzelnen Kindes, werden wir diese „Lern- und Arbeitspausen" verstehen und respektieren und nicht das Gefühl haben, wir müssten das Kind beschäftigen (oder gar „bespielen").

Ausklingen lassen

Einen Tag ausklingen lassen bedeutet für uns Erwachsene: ihn nicht abrupt beschließen, sondern den vergangenen Ereignissen nachspüren und das Geschehene mit Ruhe und vielleicht Nach-Denken beenden.

Kleine Kinder sind (verständlicherweise, finde ich) oft wütend und traurig, wenn sie beim Spiel gestört werden. Sie möchten selbst bestimmt aufhören, sie möchten etwas zu (ihrem) Ende bringen.

Natürlich ist das nicht immer möglich. Aber zu oft nehmen wir Erwachsene das, was Kinder tun und was für ihre Entwicklung so wichtig ist, nicht ernst genug. Wir sehen auf der einen Seite ihr Spiel und auf der anderen unsere Arbeit – womit in den meisten Fällen eine Wertung verbunden ist, d.h. eine Abwertung des Spiels.

Spiel aber ist die Möglichkeit des Kindes, sich zu entwickeln und selbständig zu werden, Erfahrungen zu machen, Neues einzuüben und zu lernen.

**Die Welt ist wohl zum Staunen da,
im Großen wie im Kleinen,
in Schneckenhäusern und im Wind,
in Blumen und in Steinen.**

Der Wahrnehmungsbaum

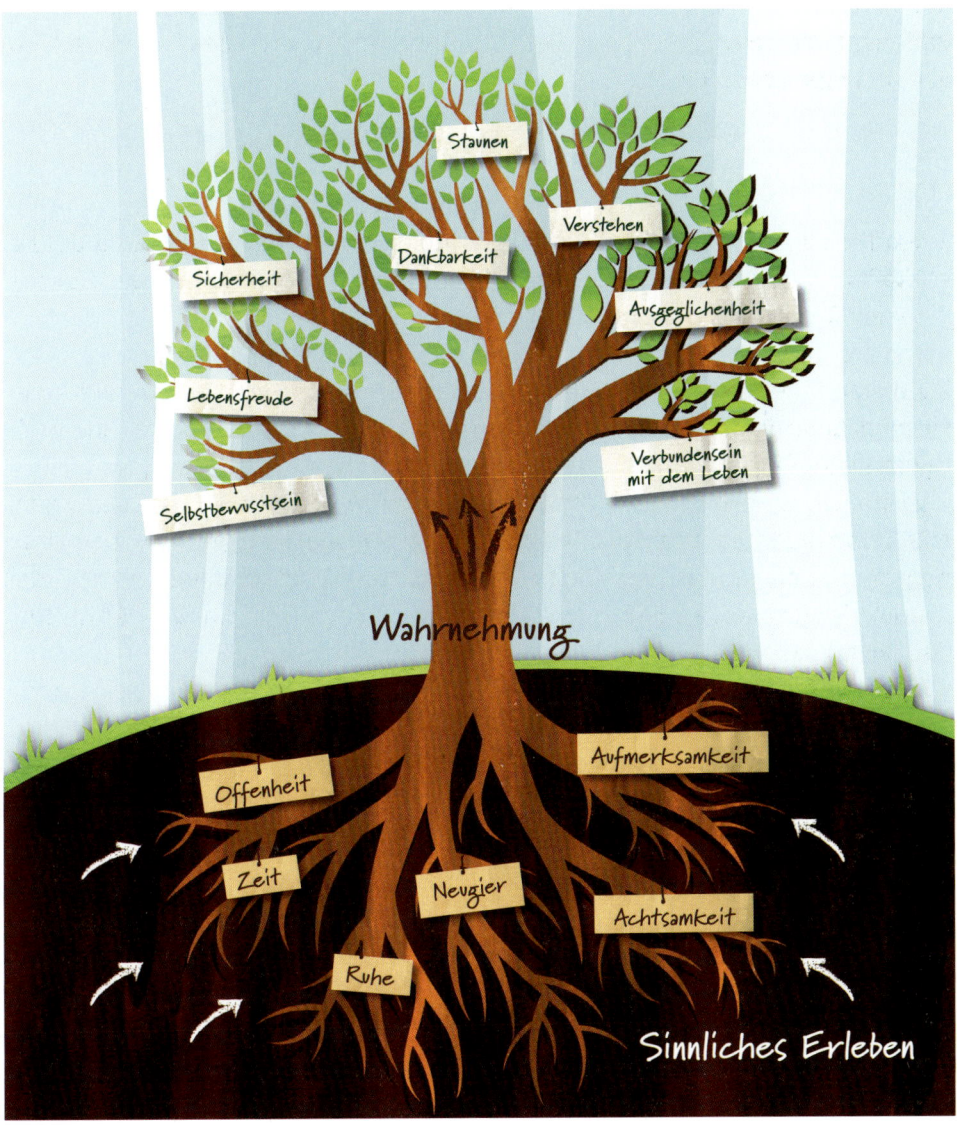

Ingrid Gnettner, Wahrnehmungsspiele für alle Sinne © Don Bosco Medien GmbH, München.
Idee: Ingrid Gnettner, Ausführung: ReclameBüro, München

Wahrnehmung in der Beziehung zwischen Erwachsenem und Kind

Fragen und Denkanstöße

Wie nehme ich das Kind wahr?

- Sehe ich das Kind als eigenständige, einzigartige Persönlichkeit und nicht nur als ein unfertiges, zu erziehendes Wesen?
- Akzeptiere ich das Kind so, wie es ist?
- Gehe ich offen auf das Kind zu, ohne Vorurteile oder „Altlasten" des vergangenen Tages?
- Nehme ich das Kind ernst?
- Erkenne ich seine Bedürfnisse?
- Nehme ich die Gefühle und Stimmungen des Kindes wahr und respektiere ich sie?
- Achte ich seine Rechte?
- Sehe ich gleichermaßen die Stärken und Schwächen des Kindes?
- Kann ich dem Kind begegnen, ohne es zu bewerten (oder gar abzuwerten)?

Wie nimmt das Kind mich als Erwachsenen wahr?

- Begegne ich dem Kind auf Augenhöhe?
- Kann ich mich innerlich auf die Ebene des Kindes begeben?
- Fühlt sich das Kind von mir angenommen?
- Bin ich offen und liebevoll?
- Habe ich Zeit und Geduld, wenn das Kind mich braucht? Kann ich zuhören?
- Kann ich staunen und mich für Dinge begeistern (mögen sie auch noch so klein sein)?
- Setze ich Grenzen? Bin ich konsequent, aber auch spontan und flexibel?
- Lebe ich die Werte, die ich vermitteln will?
- Kann ich dem Kind gegenüber Fehler zugeben und mich bei ihm entschuldigen?

- Nehme ich meine eigenen Bedürfnisse und Gefühle ernst und zeige das den Kindern auch (soweit es angebracht ist)?
- Bin ich mir meiner Vorbildfunktion bewusst?
- Gelten für mich in vielen Bereichen die gleichen Regeln wie für die Kinder (zum Beispiel bei Höflichkeit und Tischsitten)?
- Sind Akzeptanz, Kongruenz und Empathie grundlegende Voraussetzungen für meine Arbeit und für die Beziehung zu den Kindern?

Sinnliches Erleben im Alltag

in Krippe und Kindergarten

Guten Morgen, liebe Augen

Text und Musik: Ingrid Gnettner

2. Guten Morgen, lieber Mund, wach auf,
   es gibt heut viel zu sagen,
   zu singen und zu essen,
   zu flüstern und zu fragen.

3. Guten Morgen, liebe Ohren, wacht auf,
   es gibt heut viele Töne:
   ganz laute – so ein Krach! –
   und leise, wunderschöne.

4. Guten Morgen, liebe Nase, wach auf,
   was riecht denn hier so fein?
   Ich schnuppere und weiß genau:
   Das kann nur eine Blume (der Frühling ...) sein.

5. Guten Morgen, liebe Hände, wacht auf,
   es gibt heut viel zu tun:
   zu malen und zu streicheln,
   zu zappeln und zu ruhn.

6. Guten Morgen, liebe Füße, wacht auf,
   ihr müsst heut sehr weit gehen,
   dürft stampfen, schleichen, hüpfen
   und manchmal einfach stehen.

7. Guten Morgen, liebe Kinder, wacht auf,
   wir wolln den Tag erleben:
   wolln singen, lachen, spielen –
   und uns die Hände geben.

Mit diesem Lied* begrüßen wir uns selbst und wünschen uns einen guten Morgen. Wir fordern uns auf, von Kopf bis Fuß mit wachen Sinnen in den Tag zu starten.
Wir können, passend zu den Strophen, dazu

- die Augen reiben
- ein wenig Mundgymnastik machen
- die Ohren zupfen
- die Nase streicheln
- die Hände und die Füße schütteln
- und uns zum Schluss die Hände reichen.

---

* Lied und Playback auch auf der CD in „Neue Spiel- und Bewegungslieder" von Ingrid Gnettner, Don Bosco, München.

Ein guter Raum für unsere Sinne

Auch wenn wir uns oft mit baulichen Gegebenheiten abfinden müssen, die nicht immer unseren Vorstellungen entsprechen, gibt es doch viele Möglichkeiten, einem Haus oder einem Zimmer unseren eigenen Charakter zu geben. Vielleicht sollten wir diesem „Arbeitsplatz" ebenso viel Aufmerksamkeit schenken wie unserem Wohnbereich zu Hause.

Wie gestalten wir den Raum, in dem wir zu einem großen Teil den Alltag mit den Kindern verbringen?

Welcher Rahmen tut uns allen und unseren Sinnen gut?

- **Freundliche Farben** prägen einen Raum und verändern seine Atmosphäre. In unserem weißen, eher unpersönlichen Gruppenzimmer haben wir eine Wand in einem warmen Ockergelb mit Schwammtechnik bemalt. Nicht nur wir, sondern auch unsere Besucher stellten staunend fest: „ Das ist ja ein richtig gemütliches Zimmer zum Wohlfühlen geworden!"
- **Klarheit und Ordnung** sind ein wichtiger Aspekt in der Raumgestaltung. Übersichtlichkeit bringt Struktur auch in den Alltag. Ein überladener Raum dagegen erschwert dies.
- Aufwändige Dekorationen, zum Teil von den Erzieherinnen gebastelt, bestimmen oft das Bild von Krippen und Kindergärten. Weniger ist hier sicher mehr – selbst eine fast leere Wand tut manchmal gut und beeinflusst durch ihre Ruhe das Spielverhalten der Kinder! Fertig-Deko und Schablonen-Arbeiten, die die Kreativität und Phantasie einschränken, passen nur selten zu diesem Ort für Kinder. Von ihnen **selbst gestaltete Bilder und Objekte** machen unseren Raum zu etwas Besonderem.
- Ein **anregendes Bild** (ein Kunstdruck oder ein Foto, das zu unserem aktuellen Thema passt) schmückt nicht nur, sondern ist Anlass für Betrachtungen und Gespräche. Auch als wechselndes Monatsbild, in einem passenden Rahmen, kann es uns begleiten.

- Eine kleine **Fotowand,** die die Erinnerung an Ausflüge oder Projekte wach hält, ist bei unseren Kindern sehr beliebt. Genauso gut können wir aber auch ein Album mit diesen Fotos für die Kinder jederzeit erreichbar in ein Regal legen.
- **Ruheinseln,** Höhlen und Rückzugsorte sind ebenso wichtig wie Plätze für aktives Spiel. Der (auch räumliche) Wechsel zwischen Spannung und Entspannung ist für eine gute Entwicklung unverzichtbar.
- Wir bieten den Kindern **unterschiedliches Spielzeug** aus vielfältigem Material an. Dabei sollte auch Naturmaterial seinen Platz bekommen, ebenso wie Holzspielzeug, das mit Naturfarben bunt gestaltet ist. Naturfarben wirken positiv auf die Kinder und ihr Farbempfinden. Grelle Farben sind in der Natur eher selten, und Naturfarben „beißen sich" nie!

Unsere Umgebung sollte „reizvoll", aber nicht „aufreizend" sein, sie soll uns gut tun und nicht „gereizt" werden lassen. Sie soll uns anregen und nicht aufregen. Sie soll ein Raum zwischen Spannung und Entspannung sein.

Wenn unser Raum einladend wirkt, wenn er Anregungen bietet, aber doch Ruhe ausstrahlt, fühlen wir uns in ihm wohl und können unsere Sinne öffnen.

Kleine Spiele für unsere Sinne

Kinder entdecken selbst die Umwelt, aber sie brauchen immer wieder Anregungen, um Nahrung für ihren Forscher- und Entdeckungsgeist zu erhalten.

Mit kleinen Spielen wecken wir ihre Aufmerksamkeit für Formen und Farben, für Geräusche, Geruchs- und Geschmackserlebnisse und für die Empfindungen ihres eigenen Körpers.

Sehen

Schau genau

Ein beliebtes Spiel in unserem Morgenkreis (oder zum Abschluss, bevor wir in den Garten gehen) ist „Schau genau", bei dem die Kinder bei sich selbst und bei ihren Kameraden bestimmte Merkmale erkennen sollen. Der Erwachsene (oder natürlich auch ein Kind) sagt zum Beispiel: „Jeder, der etwas Blaues an seiner Kleidung findet, kann jetzt aufstehen und sich anziehen." Andere Möglichkeiten sind:

- wer Haarspangen anhat,
- wer einen Reißverschluss / einen Knopf / eine Kapuze hat,
- bei wem ein Bär / eine Zahl / ein Buchstabe auf dem Pullover ist …

Sammeln und sortieren

Wir breiten im Raum ein Tuch oder mehrere Tücher aus und fordern die Kinder auf, Dinge zu suchen, die rund / eckig / spitz / hart / weich usw. sind. Mit dieser Aufgabe können wir die Kinder zum Beispiel für Formen und Material sensibilisieren. Ins Gespräch kommen wir, wenn ein Fundstück mehrere Eigenschaften hat, zum Beispiel glatt und weich ist und damit verschiedenen Bereichen zugeordnet werden kann. Das gleiche Spiel macht auch mit Farben Spaß – dabei haben die Tücher, die auf dem Boden liegen, jeweils die Farbe der gesuchten Gegenstände.

Ob Knöpfe, Perlen, Legosteine oder Bauklötze: Kinder lieben es, Dinge zu sortieren, nach Farben, Größen, Muster usw. Wir bieten ungeordnetes Material an (zum Beispiel im Herbst Eicheln, Kastanien, Bucheckernschalen usw.) und entsprechende Behälter zum Einordnen. Ein Durcheinander an Dingen ist immer auch eine „Schatzkiste", in der es einiges zu entdecken gibt! Sogar das eher unbeliebte Aufräumen gelingt manchmal besser, wenn wir die Kinder motivieren: „Wer bringt mir die roten Bauklötze für die Kiste? Und wer die blauen?" Strukturiertes Aufräumen mit „Aufgabenverteilung" geht fast immer schneller und macht allen mehr Spaß!

Einfarbige Bilder

Rot ist nicht gleich rot! Und Blau ist manchmal sehr verschieden! Dass es mehrere Farbtöne gibt, die aber den gleichen Namen haben, entdecken die Kinder bald. Vielleicht hört es sich für manchen langweilig an, wenn wir uns vornehmen, ein Bild in einer einzigen Farbe zu malen – aber das ist es ganz und gar nicht! Abwechslung gibt es genug:

- Wir verwenden Stifte, Wachskreiden, Fingerfarben, Plakafarben – verschiedenes Material, das wir in der jeweiligen Farbe zur Verfügung haben.
- Wir mischen verschiedene Abstufungen, experimentieren mit Weiß und Schwarz.
- Für eine Collage (auf einem kontrastfarbigen Untergrund) verwenden wir Papierschnipsel, Bänder, Schleifen, Wolle, Stoffe usw. in der gleichen Farbe. Natürlich können wir auch hier mit Stiften und Pinsel noch darunter-, darüber- oder dazwischenmalen.
- Wunderschön sieht ein Winterbild auf dunkelblauem Fotokarton aus. Das Weiß (Papier, Watte, „Schnee" aus dem Locher, Strukturtapete, zerknüllte Papiertaschentücher usw.) wird ergänzt durch Silber (z. B. Alufolie).

Experimente mit Folien

Mit einigen Streifen Tesafilm klebten wir an unsere Fenster, die bis zum Boden reichen, verschieden farbige Folien in DIN-A4-Größe. Die Felder in den Grundfarben rot, gelb, blau und grün brachten wir so tief an, dass die Kinder jederzeit hindurchsehen konnten. Wie begeistert war John, als er den strahlend blauen Himmel, durch das rote Feld betrachtet, in seiner Lieblingsfarbe lila sah!

Aus einem weiteren Satz Folien schnitten wir Quadrate und Rechtecke in verschiedenen Größen. Auf weißem Karton als Unterlage legten die Kinder fasziniert und mit großer Ausdauer die einzelnen durchsichtigen Formen übereinander und entdeckten dadurch spielerisch die Mischfarben.

Ruhe für die Augen

Unsere Augen sind im Alltag ganz besonders gefordert: Zeichen, Informationstafeln, Bildschirme, Werbeplakate begegnen uns auf Schritt und Tritt und überschütten uns mit visuellen Eindrücken. Gönnen wir unseren Augen eine Weile Ruhe, indem wir sie schließen, mit einem Tuch verbinden (wer will) oder uns ins Dunkle begeben. Solche kleinen „Auszeiten" zwischendrin tun unseren Augen gut und erfrischen unsere Sinne.

Die Augen zu schließen verbinden wir oft mit einer intensiven Hörerfahrung (siehe auch „Innehalten und Lauschen", Seite 32).

Wir lauschen dem langen Ton eines Instruments (zum Beispiel einer Triangel, einer Gitarrensaite …) oder achten auf die Geräusche unserer Umgebung.

Kleinen Kindern fällt es oft schwer, die Augen zu schließen. Sie versuchen es manchmal, indem sie die Augen ganz fest zusammenkneifen, oder aber sie blinzeln, um ja nichts von dem zu versäumen, was um sie herum geschieht.

Ein kleiner Vers hilft ihnen dabei, sich auf diese kurze Augen-Ruhezeit immer wieder einmal einzulassen:

Mach mal deine Augen zu . . .
Und dann öffne deine Lider:
Dann siehst du wie frisch gewaschen
alle Dinge um dich wieder!

Hören

Innehalten und lauschen

Kinder finden in ihrer Aktivität und bisweilen recht lauten und wilden Lebendigkeit meist nicht allein den Weg zur Ruhe, vor allem, wenn sie sich in einer Gruppe befinden. Im Alltag tut so ein „Stopp", zu dem wir die Kinder anregen, oft sehr gut.

Innehalten bedeutet auch: Ich bin in mir, in meiner Mitte, ich bin nicht nur auf die Außenwelt konzentriert.

Wenn Kinder nicht nur ihr Tun unterbrechen, sondern auch noch die Augen schließen, kommen selbst „Unruhegeister" für eine Weile zur Ruhe und damit bei sich selbst an. Wie wohltuend dieser Zustand ist, sehe ich oft am Gesichtsausdruck der Kinder! Beinahe andächtig wirken manche bei einer stillen Übung.

In die Stille lauschen

Lauschen ist anders als hören. Wir nehmen beim Lauschen mehr wahr, achten auf leisere Töne. „Hören" wir nur, können wir vieles auch „überhören", das heißt: gar nicht registrieren.

Was hören wir, wenn wir ganz leise sind?

Es braucht etwas Übung, damit die ganze Gruppe das Schweigen für eine kurze Zeit aushält. Ein akustisches Zeichen – zum Beispiel ein Ton oder eine kurze Melodie auf dem Glockenspiel – kann den Anfang der Stille ankündigen und später dann auch ihr Ende.

Erst danach erzählen wir, was wir in der Zwischen-Zeit gehört haben. Manchen Kindern fällt es sehr schwer, so lange zu warten, bis sie sich mitteilen dürfen. So üben sie dabei nicht nur Schweigen, sondern auch Selbstbeherrschung und das Zurückstellen eigener Bedürfnisse.

Was wir alles hören können:
- die Stimmen im Gang,
- ein Auto auf der Straße,
- einen Vogel im Garten,
- den Wind in den Bäumen,
- das Ticken der Uhr,
- vielleicht sogar den eigenen Atem.

Diese kleine Übung können wir auch draußen durchführen: im Garten, im Wald oder während eines Spaziergangs.

Auch ein Lied kann ein „akustisches Zeichen" sein. Gemeinsam stimmen wir uns beim Singen der folgenden Melodie (s. S. 34) auf eine stille Zeit ein.

Bin ich still

Text und Musik: Ingrid Gnettner

Bin ich still, hör ich die Welt, hö - re, wie der
Re - gen fällt, hör den Wind im Baum und, man
glaubt es kaum, hör tick, tack die Uhr ganz, ganz
sach - te nur. Sei mal lei - se, du,
und hör der Stil - le zu.

Wir sind vom Schluss des Liedes[*] an so lange leise, bis ein zuvor vereinbartes Zeichen uns das Ende der stillen Zeit ankündigt:

- Ein Glöckchen / eine Triangel / ein Gitarrenakkord … ertönt.
- Der Erwachsene steht auf und fordert alle Kinder nacheinander durch eine sanfte Berührung auf, es ihm gleich zu tun.

---

[*] Lied und Playback auch auf der CD in „Neue Spiel- und Bewegungslieder" von Ingrid Gnettner, Don Bosco, München.

- Der Erwachsene reckt und streckt sich, erhebt sich und schleicht leise vom Ruheort weg. Die Kinder machen es ihm nach.
- Wenn wir zusätzlich als Symbol für die Stille in unserer Mitte eine Kerze angezündet haben, wird diese ausgeblasen.

Manchmal tragen die Kinder die Ruhe, die sie erlebt haben, noch eine Weile weiter in ihr Spiel, weil sie unbewusst spüren, wie wohltuend diese leisen Phasen in unserem Alltag sind.

Alles klingt

Wie lange hören wir die Schwingung einer Klangschale?
Die Kinder sitzen im Kreis und schließen die Augen. Der Erwachsene schlägt die Schale an und bringt sie zum Klingen. Wir lauschen und öffnen die Augen erst wieder, wenn der Ton für uns verklungen ist und wir nichts mehr von ihm hören. Hält der Erwachsene einem Kind die Schale nahe ans Ohr, nimmt es auch noch den sehr leisen Klang wahr.

In gleicher Weise können wir dem Schwingen einer Gitarrensaite, dem Ton eines Klangstabes, eines Beckens oder eines Gongs nach-hören.

Ein besonders schönes Instrument, das vor allem kleine Kinder anspricht, ist das Saitenspiel / die Tischharfe.

Andächtig streichen die kleinen Hände über die Saiten, deren zarte Töne sehr weich und doch klar klingen. Selbst das Warten darauf, dass man selbst an die Reihe kommt, fällt nicht so schwer, da der Klang einfach wunderschön ist.

Daniel, ein Junge meiner Gruppe, sagte einmal sehnsüchtig: „So etwas Schönes hätte ich auch gern zu Hause ..."

Frühlingsohren

In einer Klanggeschichte, die ich einer kleinen Gruppe sehr lebhafter Jungen erzählte und mit Instrumenten untermalte, war von den „Frühlingsohren" die

Rede. Es sind die Ohren, die im Frühling die leisesten Töne wahrnehmen, die ersten Vögel und Insekten hören und vielleicht sogar das Knistern, wenn sich Leben in den Pflanzen regt.

Diese besonderen Ohren hatten auch meine Kinder an diesem Tag! Sie kuschelten sich auf ihre Kissen auf dem Boden und waren während der ganzen Geschichte mucksmäuschenstill und aufmerksam. Lange hieß es danach bei uns, wenn einer richtig gut zuhören konnte: „Er hat ja auch Frühlingsohren!"

Einfach zuhören

Die meisten Kinder sehen sich gerne Bilderbücher an und hören mehr oder weniger konzentriert zu, wenn ich daraus vorlese. Mit bilderlosen Geschichten allerdings haben manche von ihnen Probleme. Sie werden schnell unruhig, verlieren das Interesse und zappeln auf ihrem Platz herum. Beide, Bilderbücher und Geschichten, haben ihre Berechtigung und ihren besonderen Wert.

Mit kurzen Texten aus dem Erfahrungsbereich der Kinder, aber auch kleinen lustigen oder spannenden Erzählungen versuche ich, die Bereitschaft der kleinen Zuhörer zu wecken. Nach und nach lassen sie sich auf das gesprochene Wort ein und entwickeln dabei mit der Zeit eigene Bilder,
„Lesen ist wie Fernsehen im Kopf", heißt es.
„Vorlesen ist wie Kino in dir selbst", füge ich hinzu.

„Ich bring die Welt zum Klingen!"

Noch mehr Freude als nur zuzuhören macht es, selbst aktiv zu werden, Klänge zu erzeugen und Musik zu machen.

Singen
Singen ist wohl ein Urbedürfnis des Menschen. Das erste „Sprechen" eines Babys klingt wie ein Singsang. Urvölker verwendeten Gesang und Musik nicht nur für Rituale und Feste, sondern auch zur Kommunikation.

Leider ist für viele Erwachsene das Singen in den Hintergrund getreten; schade, dass sie selten oder nie erleben, wie wohltuend, befreiend und entspannend singen sein kann!

Mit Kindern zu singen macht nicht nur Spaß, es ist eine wunderbare ganzheitliche Förderung, die jeden Tag bei uns einen breiten Raum einnehmen sollte.

Klänge mit dem Mund erzeugen

Pfeifen, prusten, knurren, schmatzen, gähnen – Indianergeheul und Zähneklappern: nahezu unerschöpflich ist die Geräuschpalette unseres großartigen Instruments „Mund". Kleine wie große Kinder lieben diesen „Quatsch", der nicht nur mit Kreativität, sondern auch mit intensiver Übung der Mundmotorik zu tun hat!

Vergnügen macht es ja vor allem deshalb, weil man ausnahmsweise auch etwas „unanständige" Geräusche vorführen (und nachmachen) darf.

Körperpercussion

Nicht nur der Mund ist ein Instrument, sondern unser ganzer Körper. Klatschen, patschen, schnipsen und stampfen sind die bekanntesten Klänge der „Körperpercussion". Bestimmt entwickeln die Kinder viel Phantasie beim Finden neuer Formen. Wir greifen diese in einem kleinen Spiel auf.

So klingen wir:
Ein Kind macht uns ein Körpergeräusch vor. Wenn es möchte, kann es dazu in die Mitte unseres Kreises treten. Die anderen machen gemeinsam das Geräusch nach.

Das Kind wählt den nächsten aus, der uns seine Idee zeigen darf, und setzt sich wieder auf seinen Platz.

Wie klingt unser Raum?

Ein Stuhl klingt nicht wie ein Tisch, der Heizkörper nicht wie die Fensterscheibe. Und welches Geräusch gibt das Kissen? Die Klötze in der Bauecke machen ganz schön Krach, wenn man sie aneinander schlägt!

Wir gehen auf Klang-Entdeckungsreise in unserem Zimmer. Es ist sicher angebracht, dass der Erwachsene Regeln aufstellt, zum Beispiel: „Wer uns ein Geräusch zeigen will, setzt sich auf den Boden. Dann hören wir uns das erst mal an, bevor der nächste drankommt."

Wenn wir das nicht vorher klären, können wir uns höchstwahrscheinlich auf ein wildes Chaos gefasst machen, bei dem nicht sicher ist, ob es alle Gegenstände heil überstehen!

Rhythmusinstrumente

Mit einfachen Rhythmusinstrumenten, Klanghölzern, Rasseln und Glockenstäben, begleiten wir viele unserer Lieder.

Auch Spiele mit Trommeln lieben schon die Kleinsten, und es ist erstaunlich, wie bald die meisten von ihnen einen einfachen Rhythmus übernehmen können. Rhythmus ist ebenso elementar wie das Singen. Unser Körper ist von Rhythmus bestimmt, in erster Linie von unserem eigenen Herzschlag.

Einen gemeinsamen Rhythmus in einer Gruppe zu finden, ordnet und erdet jeden einzelnen.

Gelingt uns dieser Rhythmus nach einer Zeit des Übens und Wiederholens, spüren auch die Kinder, wie intensiv dieses besondere Gemeinschaftsgefühl ist.

Verwenden wir zusätzlich die Sprache (und Vorstellungen, die den Kindern vertraut sind), finden wir leichter in den gleichmäßigen Takt. Der Satz „Bä-ren sta-pfen durch die Wäl-der" wird von den Kindern sehr bald mit (fast) gleichmäßigen Schlägen – abwechselnd mit der linken und der rechten Hand – auf die Trommel übertragen (oder als Körperpercussion auf die Oberschenkel).

Es geht auch noch kürzer: Der Erwachsene fordert die Kinder auf, mit den Händen („Das sind unsere Bärenpfoten!") auf der Trommel zu tappen. Wir sprechen dazu: „Vie-le Bä-ren, vie-le Bä-ren ..." Die Kinder lassen sich gerne auf diese „Bärenwanderung" ein, und der Erwachsene kann den Text nach einer Weile variieren: „Große Bären, kleine Bären, dicke Bären, dünne Bären ...". Sind die Kinder sicher im Takt, kann er sie auffordern, die Lautstärke zu verändern: „Laute Bären, leise Bären".

Riechen und schmecken

Jeder, der sich an einen kräftigen Schnupfen erinnern kann, bei dem er keinen Appetit mehr hatte, weil ihm einfach nichts mehr geschmeckt hat, weiß, wie sehr Riechen und Schmecken zusammenhängen. Die beiden dafür zuständigen Sinnesorgane liegen schließlich auch ganz nah beieinander.

Der Duft eines leckeren Essens, von frischgebackenem Brot oder Kuchen lässt uns andererseits das Wasser im Mund zusammenlaufen.

Nicht nur langsam, in Ruhe und ohne große Geräuschkulisse zu essen und gründlich zu kauen führt zu einem besonderen Geschmackserlebnis, vorausgesetzt natürlich, die Zutaten sind frisch und aromatisch und auf gute Weise zubereitet. Auch beim Essen genießerisch die Augen zu schließen, intensiviert und verfeinert den Geschmack. Probieren Sie es einmal aus! Die Fähigkeiten einzelner Sinne verstärken sich, wenn andere für kurze Zeit „ausgeschaltet" werden.

Essen ist nicht nur Nahrungsaufnahme

Essen ist lebensnotwendig. Aber Essen bereitet auch Freude, besonders, wenn wir es in Gemeinschaft tun.

Viele Kinder erleben zu Hause nicht mehr, dass Mahlzeiten in der Familie am gedeckten Tisch mit Zeit und Ruhe eingenommen werden.

In Kindergarten und Krippe können wir aber auch andere Modelle anbieten und wichtige traditionelle Tischkultur bewahren helfen.
Kleine Rituale unterstützen uns dabei.

- Wir decken gemeinsam den Tisch.
- Wir singen zusammen ein Lied oder sprechen einen Vers oder ein Gebet, reichen uns die Hände und wünschen uns einen guten Appetit.
- Wir beginnen und beenden Brotzeit oder Mittagessen normalerweise gemeinsam.

- Wir räumen zusammen auf.
- Wir regen die Kinder an, langsam und bewusst zu essen, den Duft und den Geschmack zu genießen (soweit es natürlich ihrem Geschmack entspricht!).

Unser Kräutergarten

Neben Schnittlauch sind vor allem Pfefferminze und Zitronenmelisse die Kräuter, die in keinem „Kinder-Garten" fehlen sollten. Sie sind pflegeleicht und gedeihen auch in einem großen Blumentopf auf der Terrasse.

- Die Blätter verströmen einen erfrischenden Duft, wenn man sie reibt.
- Aus beiden Kräutern können wir Tee kochen. Auch eine Mischung aus Pfefferminze und Zitronenmelisse schmeckt lecker!
- Ohne großen Aufwand stellen wir „Kräuterwasser" her. Wir füllen frisches Leitungswasser in einen Krug und geben einen Stängel Kräuter dazu. Schon nach kurzer Zeit hat das Wasser den erfrischenden Geschmack angenommen – ein sehr beliebtes Getränk bei unseren Kindern, gerade im Sommer.
- Eine kleine Vase mit Kräutern, Ringelblumen und anderen Blüten, die wir in unserem Gartenbeet angesät haben, schmückt unseren Tisch bei Brotzeit und Mittagessen und vermittelt dadurch eine freundliche, einladende Atmosphäre beim Essen.

Hollersirup

In jedem Frühling pflücken wir mit den Kindern die duftenden weißen Blütendolden des Holunders und bereiten aus ihnen Sirup zu.

Zutaten:

25 g Holunderblüten
2 unbehandelte Zitronen
1½ Liter Wasser
1½ kg Zucker
50 g Zitronensäure (aus der Apotheke)

Zubereitung:

Die Blütendolden nicht waschen.
In einen großen Topf oder eine Schüssel geben.
Die Zitronen auspressen und den Saft darübergießen.

In einem anderen Topf den Zucker im Wasser aufkochen und dann heiß über die Blüten gießen. Die Zitronensäure in etwas warmem Wasser anrühren und dazugeben. Umrühren.
Das Ganze drei Tage zugedeckt ziehen lassen.
Dann abseihen und in Flaschen füllen.
Im Kühlschrank aufbewahren.

Zum Trinken wird der Sirup mit Wasser verdünnt – höchstens ein Finger breit Sirup für ein Glas köstliches erfrischendes Getränk genügt.

Unsere „Vorräte" sind leider immer sehr bald aufgebraucht, vor allem weil die Kinder auch stolz jeden Gast probieren lassen.

Vielleicht ist das aber auch gut so, denn dadurch bleibt unser Hollersirup etwas Besonderes, auf das wir uns jedes Jahr wieder freuen.

Anna nannte unser Getränk „Blütensaft" – und so wird es auch weiter bei uns heißen.

Erntedank

Gutes, frisches Gemüse duftet sogar, wenn es noch nicht angeschnitten ist! Unser kleiner Erntedanktisch (oder das Tuch mit Obst, Gemüse, Brot und Korn in der Mitte unseres Morgenkreises) ist geschmückt mit lauter Geschenken zum Anschauen (und Benennen), zum Riechen, zum Anfassen und Fühlen (nicht nur die Oberfläche, sondern auch das Gewicht!) und später auch zum Schmecken, wenn wir daraus etwas kochen.

Am Schönsten ist es, wenn wir Brot, Äpfel, Karotten und manch anderes, was wir roh verzehren können, gleich aufschneiden und probieren!

Traditionell bereiten wir in der Erntedank-Woche gemeinsam eine Gemüsesuppe, einen Obstsalat und / oder einen Apfelkuchen zu. Selbst Obst- und Gemüsemuffel sind dafür zu begeistern!

Wie das duftet! Ob das schmeckt?
Schnell die Finger abgeschleckt!
Denn ich muss nur kurz versuchen
hier den Teig für unsern Kuchen.

Fühlen und tasten

Oft brauchen wir für unseren Fühl- und Tastsinn eigentlich kein eigenes Spielmaterial. Der Alltag bietet uns genug Möglichkeiten, Dinge zu ertasten und ihre Oberflächenbeschaffenheit zu fühlen. Manchmal brauchen die Kinder nur unsere Anregung und unser Vorbild, wenn wir aufmerksam wahrnehmen. Meine eigene Erfahrung teile ich mit, wenn ich zum Beispiel sage:

„Du hast ja heute ein ganz kuscheliges Kissen mitgebracht, Lena. Darf ich es mal streicheln? Ist das weich!"

Wenn Lena damit einverstanden ist, dürfen auch andere Kinder das Kissen berühren und dabei spüren, wie es sich anfühlt.

Leo hat im Garten ein Ahornblatt gefunden, das er mir schenkt. Ich bedanke mich und sage: „Das ist ein schönes glattes Blatt. Und Spitzen hat es auch ganz viele! Aber die pieksen gar nicht, fühl mal, Leo."

Natürlich muss nicht jeder Gegenstand in dieser Weise kommentiert werden. Aber es ergeben sich immer wieder Situationen, wo es passt, darauf einzugehen, welche Eigenschaften ein Ding hat, welche Gefühle es bei uns auslöst und wie wir Merkmale und Empfindungen sprachlich ausdrücken.

Kinder müssen Dinge anfassen, um sie zu be-greifen. Auch Gegenstände, die spitz sind (aber nicht gefährlich) oder sich komisch anfühlen, sollten wir den Kindern zumuten. So sind meine Kleinsten immer sehr stolz, wenn sie sich trauen, einen stacheligen Kastanienigel anzufassen!

Im Kreis herum

Wir geben Dinge, die zu unserem jeweiligen Thema passen, oder Fundstücke, die jemand mitgebracht hat, im Kreis herum. Jeder darf ausführlich schauen, fühlen, vielleicht auch riechen. Wir sprechen über unsere Erfahrungen.

Seltsame Dinge

Dass sich die gleichen Sachen nicht immer gleich anfühlen, ist für alle interessant. Wir blasen einen kleinen Luftballon auf. In einen zweiten von der gleichen Größe füllen wir Wasser. Ein seltsames Tasterlebnis! Mit einem Luftballon zu spielen, ihn zu werfen und zu fangen kennen die Kinder. Aber wie ist es mit dem Wasserballon? Wir sollten es lieber im Garten draußen ausprobieren …

Stoffpaare

In einer Kiste haben wir gleich große Stoffstücke (10 cm ×10 cm) gesammelt. Von jedem Stoff ist ein Paar vorrätig. Seide, Wollstoff, Cord, Baumwolle, Rupfen, Tüll, Möbel- und Teddystoff und vieles mehr entdecken die Kinder hier, in unterschiedlicher Stärke und mit den verschiedensten Mustern. Es wird gefühlt und sortiert. Außerdem eignen sich die kleinen Flecken als Unterlage, als Deckchen und manches andere Spielmaterial.

Aufwecken

Die Kinder liegen bequem auf dem Boden und haben möglichst ihre Augen geschlossen. Der Erwachsene „weckt" ein Kind nach dem anderen mit einer zarten Berührung: ein Streicheln mit der Hand, mit einer Feder oder einem anderen beliebigen Gegenstand. Oder er bläst sanft auf die Haare, die Hände oder an einer anderen Stelle auf die unbedeckte Haut.
Wer geweckt wurde, setzt sich hin und ist leise, bis alle Kinder wach sind.

Fingerfarbe und Kleister

Zwar gibt es Kinder, die Dinge, die glitschig sind, nicht berühren möchten. Wir sollten sie immer wieder ermuntern, aber auf keinen Fall zwingen, mit Fingerfarben zu malen.

Aus der Beziehung zwischen Erwachsenem und Kind ergibt sich manchmal der erste zögernde Versuch mit dieser Farbe. Mit der Frage: „Magst du meine Hand anmalen? Aber ich finde das nicht so schön mit dem Pinsel, deine Finger sind nämlich viel weicher!" ermutige ich zum ersten Schritt. Ist dies gelungen, frage ich weiter: „Soll ich meine Hand jetzt auf das Papier drücken?" und überlege dann: „Deine Hand würde ganz gut daneben passen. Dann sehen wir auch, welche größer ist."

Auch die Erfahrungen „Hand in Hand" durchbrechen hin und wieder die Scheu: „Meine (farbige) Hand würde so gerne deine streicheln. Darf sie das?" Immer wird natürlich ohne jeden Vorwurf die Ablehnung durch das Kind respektiert!

Für alle anderen Kinder ist so ein Maltag ein einziges sinnliches Vergnügen. Ein großes Blatt, mit Klebstreifen auf dem Tisch oder dem Boden befestigt, Malerkittel und viel Farbe – mehr brauchen die Kinder nicht, um sehr viel Spaß zu haben.

Man sollte gerade bei den Kleinen nicht zu große Erwartungen an die fertigen Bilder haben. Nicht das Ergebnis zählt, sondern das Tun! Als Erwachsene können wir es meist nicht nachvollziehen, wie wunderbar es ist, mit Fingerfarbe oder Kleister auf dem Blatt im Kreis zu schmieren oder in immer wieder gleichen Bahnen. Irgendwann zerreißt das Papier oder bekommt vom vielen Reiben ein Loch. Leid tut das nur dem Erwachsenen. Das Kind hat etwas Neues gelernt und ist äußerst zufrieden.

Auch Farben übereinander zu schmieren, bis ein undefinierbarer bräunlicher Sumpf entsteht, ist ein reines Kindervergnügen. Der Erwachsene wird sich denken: „Schade, die Farben waren doch am Anfang so schön!"

Genauso gut tut es, nicht nur das Papier mit Farbe zu bedecken, sondern auch die farbverschmierten Hände aneinander zu reiben oder die Farbe von Hand zu Hand mit der des Nachbars zu mischen.

Wenn schließlich die Arme bis zum Ellenbogen angemalt sind, ist es wahrscheinlich für den Erwachsenen höchste Zeit, die Malaktion doch zu beenden.

Gedicht zum Malen

Unser Blatt ist groß und weiß,
und die Farben stehn im Kreis.
Klatsch und patsch und kunterbunt –
heute geht es bei uns rund,
geht es bei uns eckig,
Hände werden dreckig,
blau und rot, gelb, grün und weiß
mal ich kreuz und quer, im Kreis,
noch ein Punkt, und dann ist Schluss,
(weil ich Hände waschen muss.)

Den eigenen Körper spüren

Körperkontakt, Kuscheln, Streicheln, Kitzeln, Umarmen und Drücken ist für kleine Kinder ein elementares Bedürfnis. Sie suchen Geborgenheit und Sicherheit, und das finden sie vor allem in der Nähe und Zuneigung anderer Menschen, vor allem der erwachsenen Bezugspersonen.

Kinder erleben aber auch bald: Nähe ist schön und tut gut, aber auch Abstand und eigener Raum ist wichtig und notwendig. Zu viel Nähe macht eng und lässt keine Bewegung zu.

Zwar wollen wir die Kinder in unsere Gemeinschaft einbinden und ihnen ein Gefühl der Zusammengehörigkeit vermitteln. Doch gerade die Kleinsten dürfen bei uns noch viele ihrer Bedürfnisse ausleben: Sie klettern auf den Schoß des Erwachsenen, wenn sie besondere Zuwendung brauchen, und sie ziehen sich in die Kuschelecke zurück, wenn sie allein sein wollen und der „Trubel" ihnen zu viel wird. Erst wenn die Kleinen erfahren haben, dass ihre Gefühle und Wünsche akzeptiert werden, können sie auch die nächsten Schritte tun, mit denen sie sich mehr in unsere Gruppe eingliedern.

Das Bedürfnis des Kindes steht erst einmal im Vordergrund. Auch dann, wenn es sich gegen Kontakte wehrt (zum Beispiel bei Gruppenspielen). Kontaktverweigerung sollte aber nicht verletzende Ablehnung und Ausgrenzung anderer Kinder bewirken. Aufgabe des Erwachsenen ist es, die Kinder behutsam auf dem Weg zu einem selbst bestimmten, toleranten und einfühlsamen Miteinander zu begleiten.

Körpergefühl entwickeln die Kinder vor allem, wenn sie sich viel bewegen dürfen, immer wieder neue Sitzmöglichkeiten ausprobieren können, zwischen Bewegung und Ruhe wechseln und wenn vor allem der Stuhl nicht als einzig wahres Möbelstück zur Unterstützung konzentrierter Arbeit angesehen wird.

„Schafft die Stühle ab!", fordert die Sportpädagogin Renate Zimmer im Titel eines ihrer zahlreichen Bücher, in dem sie für den Abschied von der Sitzgesellschaft gerade bei den Kindern plädiert.

Die folgenden Spiele eignen sich gut zur Förderung der Körperwahrnehmung.

Gleichgewicht

Klettern, balancieren und laufen auf unebenem Boden fördern das Gleichgewicht. Schaffen Sie vielseitige Bewegungsanreize für drinnen und draußen! Das Material, das wir haben, genügt dafür: unter dem Tisch durchrobben oder -kriechen, über Stühle klettern, in stabile Pappkartons steigen (und wieder heraus) sind einige Ideen ohne Aufwand. Lassen Sie die Kinder möglichst viel ausprobieren und bieten Sie Ihre Hilfe nur an, wenn es wirklich notwendig ist. Nur so spüren die Kleinen ihre eigenen Fähigkeiten und Grenzen und können ihren Lebens- und Erfahrungsraum erweitern.

Kleine Geschichten erhöhen den Reiz der Bewegungsangebote. So durchqueren wir einen Fluss (mit oder ohne Krokodile), in dem wir von einem zum anderen Kissen oder großen Holzklotz steigen, die mit Abstand auf dem Boden liegen. (Achtung auf Rutschgefahr bei glatten Böden! Hier eignen sich Teppichfliesen besser.)

Auch **Schaukeln** jeder Art ist eine Übung für das Gleichgewicht. Neben den üblichen Schaukeln im Garten mögen die Kinder besonders gern die Hängematte, in der sie nicht nur schaukeln, sondern auch ausruhen und träumen können.

Sehr beliebt bei unseren Kleinen ist die einfache Variation einer Hängematte: die **„Betttuchschaukel":**

Zwei Erwachsene fassen jeweils die beiden Ecken an der Schmalseite eines stabilen Leintuchs (auch eine Decke eignet sich dafür). Zum „Einsteigen" für das Kind legen sie das Tuch auf den Boden. Wenn das Kind gut in der Mitte sitzt oder liegt, heben sie die „Schaukel" langsam an und schwingen sie sanft hin und her.

Manche Kinder schauen erst ein paar Runden skeptisch zu. Haben sie aber erst einmal die Lust am Schaukeln entdeckt, kann man sie nur noch schwer zum Aussteigen bewegen. Ist der Andrang groß und wollen viele an die Reihe kommen, singen wir während jeder Schaukelrunde zu einer einfachen Melodie:

„Schaukel hin und schaukel her,
kleine Maus und großer Bär."

So akzeptieren die meisten Kinder den Abschluss leichter.
Zum Aussteigen wird das Tuch wieder auf den Boden gesenkt.

Nicht nur als Schaukel liegt immer ein Bettlaken in unserem Regal bereit, sondern auch für die **„Pferdekutsche"**. Sie kann allerdings nur auf glattem Boden fahren, nicht auf Teppich.

Der Erwachsene ist das „Pferd" und hält das Tuch an den beiden Ecken einer schmalen Seite fest. Bis zu vier Kindern haben in der Kutsche (auf dem Tuch) Platz. Achtung – das Pferd beginnt zu ziehen, und die Fahrt geht los! Langsam oder schnell, gerade oder im Kreis und um die Kurve – das bestimmen der Mut der Kinder und die Ausdauer des Erwachsenen!

Kraft

- Kinder sind stolz darauf, wie stark sie sind. Wir können immer wieder ihre Mithilfe beim Tragen erbitten – ohne sie natürlich zu sehr zu belasten und zu überfordern.
- Besonderen Spaß macht es den Kleinen, einen Kameraden, der in einem Pappkarton sitzt, zu schieben oder zu ziehen.
- Natürlich ist der Erwachsene immer stärker als ein Kind. Aber schaffen es vielleicht drei oder vier Kleine, so einen großen Menschen umzustoßen?

„Komm, zeig einmal, wie stark du bist!"
So fordert der Erwachsene das Kind auf. Sie stehen sich gegenüber und drücken beide mit den Handflächen gegeneinander. Bei größeren Kindern können wir das Ungleichgewicht der Kräfte ausgleichen, indem sich der Erwachsene auf ein Tuch stellt und dadurch keinen guten Halt mehr auf dem glatten Boden hat. Das steigert natürlich den Ehrgeiz des eigentlich Schwächeren!

Bei einer solchen Kraftübung stellte ich immer wieder fest, wie „schlapp" manche Kinder sind. Kaum Gegendruck ist bei ihnen zu spüren. Wenig Bewegung, zu viel Sitzen und zum Teil geringe körperliche Anforderung machen aus lebhaften, aktiven und anstrengungsbereiten Kindern bald unmotivierte, gelangweilte und kraftlose Menschen. Wir können und sollten den Kleinen einiges zumuten und zutrauen, damit aus ihnen starke Persönlichkeiten (im zweifachen Sinn!) werden.

Nicht aufgeben!

Wie lange kann ich mich festhalten, wenn ich an einer Querstange oder dem Klettergerüst hänge? Die Kleinsten und ängstliche Kinder brauchen unsere Unterstützung, wenn die Kräfte nachlassen. Geübte Kinder können wir ermuntern, noch ein kleines Weilchen durchzuhalten, bevor sie loslassen. Es ist auch für Kinder eine gute und stärkende Erfahrung, wenn sie nicht bei der kleinsten Anstrengung gleich aufgeben! Ist der Abstand zum Boden nicht zu groß, schaffen sie es zum Schluss dann auch, wenn es gar nicht mehr geht, sich fallen zu lassen.

Auch **Sägen und Hämmern** fördern Kraft und Geschicklichkeit. Schon Zweijährige sind begeisterte Handwerker!

Berührungen

Durch einfühlsame gezielte Berührungen (immer mit dem Einverständnis des Kindes!) lernen die Kleinen ihren Körper kennen und spüren, wo ihnen Berührungen gut tun und wo nicht. (Dass der Intimbereich der Kinder hierbei ausgenommen ist, brauche ich wohl nicht eigens zu betonen.)
Das Kind macht Erfahrungen und ordnet seine Empfindungen ein:
Mag ich lieber festen Druck oder sanftes Streicheln? Sind meine Füße sehr empfindlich und kitzlig?

Der Igelball und andere Dinge

Gerade unruhige Kinder lieben es, wenn der Erwachsene einen Igelball von der Hand des Kindes über den Arm zur Schulter und dann über den Rücken und die Beine zu den Füßen rollen lässt. Dabei liegt das Kind entspannt auf dem Bauch auf einer Decke. Wichtig ist, dass bei dieser besonderen Zuwendung niemand stört.

Wie stark der Druck sein darf oder soll, mit dem der Igel den Körper berührt, erspürt der Erwachsene sehr schnell, wenn er das Kind mit seinen Empfindungen wirklich wahrnimmt und auf seine Reaktionen achtet. Wohlbefinden spiegelt sich sehr genau im Gesichtsausdruck, auch wenn die Augen geschlossen sind!

Auch der Erwachsene darf sich ab und zu auf die Decke legen und wird dann von einem Kind verwöhnt. Die Kleinen gehen meist sehr achtsam um – haben sie das Gleiche doch zuvor am eigenen Körper erlebt.

Ganz anders ist das Gefühl, wenn man von einer Feder, einem Stück Watte oder Schafwolle oder andererseits von einem Holzklötzchen oder einem Gummiball gestreichelt wird.

Strudel backen

Ein Lieblingsspiel im Turnraum ist das „Strudel backen".
Ein Kind legt sich mit dem Bauch auf eine weiche Gymnastik- oder Isomatte, und zwar quer an das eine Ende. Kopf, Schultern und Arme befinden sich dabei auf dem Boden außerhalb der Matte.

Auf jeder Seite des Kindes sitzen ein paar „Bäcker". Wichtig ist, diese anfangs darauf hinzuweisen, dass sanft und achtsam gearbeitet werden muss!

Erst wird der Teig geknetet (Rücken leicht massieren). Dann wird er auseinander gerollt (über den Rücken, aber auch die Arme und Beine streichen). Das Kind wird gefragt: „Süß oder salzig?" Je nach Antwort belegen wir den Teig mit Äpfeln, Rosinen, Nüssen und streuen Zucker darüber, oder mit Schinken, Tomaten, Käse, Gemüse, Kräutern oder was sich das Kind noch wünscht.

Mit leichtem Druck berühren wir dabei den Körper an vielen verschiedenen Stellen mit den Fingern oder der flachen Hand. Zum Schluss kitzeln wir ganz sachte, wenn wir Zucker oder Salz darüberstreuen.

Nun rollt der Erwachsene den „Strudel" zusammen. Das Kind streckt die Arme gerade nach oben und wird nun von der einen Seite her in die Matte eingewickelt.

Bisher hat sich noch kein Kind beschwert, dass der Strudel danach nicht „gebacken" wurde! Jedes war damit beschäftigt, sich möglichst schnell wieder auszurollen und zu rufen: „Noch mal Strudel!"

Mein Körper und seine Empfindungen

Kinder lernen nach und nach ihren Körper kennen, nicht nur die Körperteile, sondern auch die Signale, die er aussendet:

- mir ist kalt oder heiß,
- ich habe Hunger oder Durst,
- ich bin traurig oder fröhlich,
- ich bin müde oder wach.

Es ist ein langer Weg für die Kleinen, bis sie selbständig sind, eigenverantwortlich handeln und sagen können: In meinem Körper fühle ich mich wohl, und ich weiß, wie ich für ihn gut sorgen kann.

Die eigenen Gefühle auszudrücken muss auch erst gelernt werden. Dass auch Wut und Traurigkeit gezeigt werden dürfen, ist für alle wichtig. Nur wer Gefühle nicht verdrängt, sondern sie im angemessenen Rahmen auslebt, kann sich gesund entwickeln.

Kleine Verse können uns dabei helfen, mit unseren Gefühlen vertraut zu werden und mit der richtigen Art, sie zu verarbeiten.

So geht es mir

Mir ist kalt
Wenn es kalt ist, wenn ich friere,
ziehe ich was Warmes an,
Jacke, Mütze, Handschuh, Schal und
was ich sonst noch brauchen kann. *(Was? Stiefel!)*

Mir ist warm
Ist es heiß und scheint die Sonne,
zieh ich meine Jacke aus,
und statt Mütze brauch ich Käppi,
geh ich in den Garten raus.

Ich bin müde

Bin ich müde, brauch ich Ruhe,
und ich leg mich jetzt mal hin,
schlafe oder mache Pause,
bis ich wach und munter bin.

Ich bin wütend

Wenn ich sauer bin, dann sag ich's
und erzähl von meiner Wut.
Hört mir jemand zu und tröstet
mich, dann ist's bald wieder gut.

Ich bin traurig

Bin ich traurig, darf ich weinen,
und ich sag: Mir geht's nicht gut.
Nimmt mich einer in die Arme,
krieg ich wieder neuen Mut.

Ich bin fröhlich

Bin ich fröhlich, will ich tanzen,
lad ich alle Freunde ein.
Lacht mit mir und singt und lasst uns
miteinander fröhlich sein!

Die kurzen Verse, die von den größeren Kindern auch mit einem kleinen Rollen-
spiel dargestellt werden können, zeigen uns, woran wir bestimmte Gefühle erkennen und wie wir darauf eingehen und damit dem anderen sagen: Ich nehme
dich ernst und verstehe dich.

Ein Kind spielt zum Beispiel den Traurigen. Die anderen überlegen sich, wie
sie ihn trösten können.

Die Gefühle anderer wahrnehmen

Lange Zeit glaubte man, kleine Kinder seien noch nicht fähig dazu, sich in andere einzufühlen, Empathie und Mitleid zu empfinden. Diese Vorstellung hat sich inzwischen verändert. Auch aus eigener Erfahrung weiß ich, dass selbst die Kleinsten schon erkennen, ob jemand traurig ist, und ihre Art, den anderen liebevoll in den Arm zu nehmen und zu streicheln, ist wirklich einfühlsam.

Wir unterstützen die Kinder dabei, die Gefühle anderer wahrzunehmen und darauf entsprechend zu reagieren, so wie wir sie auch dazu ermutigen, ihre eigenen Gefühle auszudrücken.

So geht es anderen

Traurig sein

Seht mal, wie er traurig ist!
Tröstet ihn mit mir.
Wenn du einmal traurig bist,
kommt einer auch zu dir.

Fröhlich sein

Seht mal, wie sie fröhlich ist,
tanzt und singt und springt!
Klatscht mit ihr und singt mit ihr,
weil das Freude bringt.

Wütend sein

Seht mal, wie er wütend ist!
Hört ihm einfach zu.
Oder lasst ihn, wenn er will,
einfach mal in Ruh.

Müde sein

Seht mal, wie sie müde ist!
Lasst uns leise sein.
Und wenn wir ganz achtsam sind,
schläft sie vielleicht ein.

Bestimmt macht es den Kindern auch viel Spaß, in einer Spielrunde gemeinsam große Gefühle darzustellen:

- Wir sind alle wütend
- oder traurig
- oder fröhlich
- oder …

Oft ist dieses Spiel – gerade bei kleinen Kindern – die Voraussetzung, um in einem „Gefühle-Rollenspiel" erst agieren zu können.

Kleine Gespräche vertiefen die Thematik und bringen den Kindern einen guten Umgang mit Gefühlen nahe.

Ungeteilte Aufmerksamkeit

In einer Gruppe haben Kinder selten oder nur für kurze Zeit die ungeteilte Aufmerksamkeit eines Erwachsenen. Umso mehr genießen die Kleinen bei uns diese besondere Zeit der Nähe und Zuwendung, die sie z. B. beim Wickeln erleben.

Bei dieser pflegerischen Aufgabe geht es zwar auch um Hygiene und Gesundheitsvorsorge, aber im besonderen Maße um die Beziehung zwischen einem Kind und dem Erwachsenen. In dieser intimen Situation kann ich meine Akzeptanz, meinen Respekt und meine Zuneigung für das einzelne Kind zeigen. Es ist auch die Zeit für kleine Gespräche, Lieder, Verse und „Streicheleinheiten" beim Kuscheln, Kitzeln, Krabbeln, miteinander Lachen. Es sollte – wie kurz auch immer – eine ungestörte Zeit der Zweisamkeit innerhalb der Gemeinschaft sein.

Kuschel-, Kitzel-, Krabbelverse für die Kleinsten

Die Verse werden langsam, deutlich und dem Inhalt entsprechend mit viel Betonung gesprochen. Der intensive Blickkontakt und die Mimik des Erwachsenen schaffen zusätzlich Spannung und eine innige Beziehung.

Beim Benennen der Körperteile werden diese sanft berührt, gestreichelt oder gekitzelt.

Ach, wer ist denn da verschwunden?
Oh, wen hab ich da gefunden?
Einen Kopf mit Bauch und Füßen –
den muss ich jetzt gleich begrüßen!
Wir halten uns am Anfang selbst die Augen zu oder bedecken den Bauch, die Füße oder den Kopf des Kindes mit einem dünnen Tuch – aber nur, wenn wir wissen, dass es das will!

Lange Arme, lange Beine
und dann eine klitzekleine
Nase und ein runder Bauch,
und zwei kleine Ohren auch!
Die erste Zeile sprechen wir betont langsam und streichen dabei die Arme und Beine.

Hände, Füße, Finger, Zehen –
alles kann ich bei dir sehen!
Ich kann dir die Haare wuscheln
und mit meiner Anna* kuscheln!
*Bei * den Namen des Kindes einsetzen.*

Wer liegt denn da?
Den (die) kenn ich ja!
Den (die) hab ich doch schon mal gesehn,
vom Kopf bis zu den kleinen Zeh'n!
Zum Schluss sagt der Erwachsene zum Beispiel: „Du bist ja der Markus!"

Guckguckaugen
Lauscheohren
Schnüffelnase
Schleckermäulchen
Krabbelfinger
Strampelbeinchen
Wackelzehen –
Kuschelkind!
Am Anfang die eigenen Augen oder die Augen des Kindes mit der flachen Hand bedecken, dann die anderen Körperteile berühren und zum Schluss das Kind umarmen.

Meine Krabbelfinger
krabbeln auf und ab,
krabbeln auf und ab,
bis ich eine kleine
Nase gefunden hab.
(Zur Melodie von „Alle meine Entchen" vom Erwachsenen zu singen.)

Dieses Lied singen wir manchmal auch in unserem Kreis, und jeder krabbelt mit den Fingern an seinem eigenen Körper auf und ab, bis er seine Nase gefunden hat oder

„bis ich meine beiden
Knie gefunden hab."

„bis ich meinen starken
Rücken gefunden hab."

„bis ich meinen runden
Bauch gefunden hab."
usw.

Viele altbekannte und neue Fingerspiele eignen sich sehr gut als Krabbelverse beim Wickeln, zum Beispiel:

Der kleine Zwerg[*]
Schau her, ich bin der kleine Zwerg.
Ich klettre auf den hohen Berg
und grüße dich ganz munter.
Jetzt rutsch ich wieder runter.
Mit dem Daumen wackeln, mit den Fingern von den Füßen bis zur Brust oder bis zum Kopf krabbeln, winken und dann mit der flachen Hand von oben wieder bis zu den Füßen rutschen.

Die Maus[*]
So klettert hinauf die kleine Maus.
Klingelingeling, ist jemand zu Haus?

---

[*] aus: „Mit Händen und mit Füßen will ich den Tag begrüßen" von Ingrid Gnettner, Don Bosco, München.

So klettert hinauf die kleine Maus.
Poch, poch, poch, ist jemand zu Haus?

So klettert hinauf die kleine Maus.
Krkrkr, ist jemand zu Haus?

Ich öffne weit, ganz weit die Tür:
Guten Morgen, kleine Maus!
Jetzt bist du bei mir!
Mit den Fingern den Arm des Kindes hinauf krabbeln.
Zuerst am Ohr zupfen („Klingelingeling"), dann auf die Schulter klopfen („Poch,
poch, poch") und schließlich sanft an der Brust des Kindes kratzen („Krkrkr").
Zum Schluss die Arme ausbreiten und das Kind in die Arme nehmen.

Trostverse

Es ist erstaunlich, wie schnell der kleine Schmerz bei einem Kind vergeht, wenn jemand es tröstet, es in den Arm nimmt und dann das altbekannte „Heile, heile, Segen" singt.

Hinfallen oder sich anstoßen tut (fast) immer weh, das wissen wir aus eigener Erfahrung. Dass Kinder in einer solchen Situation anders reagieren als Erwachsene, ist klar. Wir sollten das Kind ernst nehmen und nicht abwehren und meinen: „Das ist nicht so schlimm." Können wir Große das von außen wirklich beurteilen?

Egal, wie groß der Schmerz ist: Kinder wollen getröstet werden und vor allem die Sicherheit spüren: Wenn es mir nicht gut geht, ist jemand für mich da.

Auwei! O je!
Das tut so weh!
Ich weiß, ich weiß. Ich puste mal.
Das tut dir gut auf jeden Fall.
*Die ersten beiden Zeilen spricht der Erwachsene in mitfühlendem „Jammerton",
die anderen beiden sehr beruhigend. Meist gelingt es, die kleinen Wehwehchen
schnell wegzupusten!*

Komm her, ich nehm dich in den Arm.
Ist es dir kalt, wird dir bald warm,
tut dir was weh, dann tröst ich dich
und streichel dich –
und sicherlich
geht aller Schmerz
dann bald
vorbei!
Bei den letzten drei Zeilen jeweils am Ende kräftig pusten – den Schmerz wegblasen – oder an der Schulter oder den Händen kräftig nach außen streichen.

Unterwegs
im Garten
und anderswo

Unser Kinder-Garten

Wie sieht ein Garten für Kinder aus?

Wie sieht ein Garten aus, in dem Kinder nicht nur jede Menge Spielmöglichkeiten haben, sondern auch vielseitige Sinnes-Erfahrungen machen können?

Manche Anlagen sehen nach wie vor aus wie übliche Spielplätze, mit Sandkasten, Rutsche und anderen Spielgeräten.

Es gibt zwar eine Wiese (oder eher einen Rasen), vielleicht ein paar Büsche und einige Bäume, die zum Teil aber weder zum Klettern noch zum Verstecken geeignet oder erlaubt sind.

Um der fehlenden ursprünglichen Natur etwas näher zu kommen, wird hin und wieder ein „Barfußpfad" angelegt. (Im Innenraum entspricht er der „Tastwand" für die Hände.)

Auch im Garten haben wir Gegebenheiten, die wir nicht ändern können. Wobei immer gefragt werden sollte: Können wir nicht – oder ist uns der Aufwand zu groß?

Zur Ermutigung sei gesagt: Eltern (vor allem Väter, die sonst zum Teil wenig Verbindung zum Kindergarten oder der Krippe haben) lassen sich auf jeden Fall dafür begeistern, zum Wohl ihrer Kinder die Gartenplanung und Gestaltung (oder zumindest ein Stück davon) in die eigenen Hände zu nehmen. Auf diese Weise entstand in einem Kindergarten, in dem ich früher gearbeitet habe, ein Weidenzelt, und da die Väter mit Feuereifer bei der Sache waren, legten sie auch noch zwei Blumenbeete vor den Gruppenfenstern an. Eine gemütliche Brotzeit mit Gelegenheit, sich ungezwungen zu unterhalten, gehörte mit dazu. Die einhellige Aussage der Eltern war: „Wenn Sie noch etwas im Garten vorhaben, sagen Sie einfach Bescheid!"

Anregungen für einen kindgerechten, sinnlichen Garten (auch als Anstoß für Ihre eigenen Ideen):

- Unebenheiten im Garten, Hügel und Mulden (Förderung verschiedener Bewegungsformen und des Gleichgewichts, Anreiz für phantasievolle Spiele),

- nicht nur Rasen, sondern auch ein Stück Wiese mit Wildblumen und so genannten Unkräutern, auch Brennnesseln,
- natürliche Stellen, die wild und „unordentlich" sein dürfen,
- Bäume, möglichst zum Klettern,
- Hecken zum Verstecken,
- Obstbäume und Beerenbüsche,
- ein Beet oder notfalls große Blumentöpfe und Kästen mit Blumen und Kräutern,
- ein großer Baumstamm zum Fühlen, Balancieren und Ausruhen,
- eine Matschecke (die auch genützt werden darf!).

Der Garten als Ort für unsere Sinne

In einem Garten, egal, wie wenig Natur er auch bietet, gibt es überall Dinge zu entdecken und zu erforschen. Auf dem kleinsten Fleckchen Erde wächst etwas. Ob wir es nun gesät haben oder ob es uns als Samen zugeflogen ist. Und in jedem Stückchen Boden leben kleine Wesen, die wir beobachten und bestaunen können. Wir müssen das alles nur wahrnehmen – und die Kinder darauf hinweisen und sie dafür begeistern (mehr über „Kleine Tiere" auf Seite 70).

Es gibt Kinder, die in einem Garten ohne Spielzeug, ohne Fahrzeuge und Sandspielsachen, erst einmal nichts anfangen können. Wir sollten die Kinder mit dieser Aufgabe – Spielen ohne Spielzeug – ab und zu konfrontieren. Sie werden die Erfahrung machen, dass es Spiele gibt, für die man kein Material braucht, dass zum Beispiel von einem Hügel rollen mehr Spaß macht als mit dem Bobbycar auf dem Asphalt zu fahren und dass die Hände ganz wunderbare Sand-Baggerschaufeln sind!

Tägliche Gartenzeit – bei jedem Wetter – ist eigentlich ein Muss. Kinder brauchen für ihre Entwicklung genügend Bewegung, und die haben sie meist nicht im Haus, wo das Rennen in den Fluren aus Sicherheitsgründen nicht erlaubt ist und auch in den Gruppenzimmern die Bewegung eher gemäßigt ausfällt. Die Zeit im Garten ist im Normalfall für alle – Kinder wie Erwachsene – entspannt. Nicht nur, dass wir einfach mehr Platz haben und die Luft Körper und Seele gut tut. Die meisten Geräusche, die im geschlossenen Raum unerträglich wären, verlieren ihre Intensität draußen, wo sie sich ausbreiten können. Gleichzeitig sinkt der Lärmpegel ohnehin meist, da jedes Kind mehr Bewegungsraum hat und oft weniger Einschränkungen gelten als drinnen.

Einfach mal stehen bleiben

Spaziergänge mit Kindern

Manche Spaziergänge mit Kindergartenkindern wirken wie „Wandertage": Es gibt ein Ziel, das erreicht werden soll, einen Zeitplan, der eingehalten werden muss, und dazwischen eine Strecke, die bewältigt wird.

Egal, ob wir uns einen Weg draußen in der Natur aussuchen oder einen in der Ortschaft: Alle Wege sind neu und jeden Tag anders. Selbst scheinbar Bekanntes ist Veränderungen unterworfen, und wir erkennen sie, wenn wir mit offenen Augen, wachen Sinnen und viel Zeit unterwegs sind.

Mag sein, dass vieles für den Erwachsenen nicht so interessant ist wie für die Kinder, deren Erfahrungsschatz jeden Tag wächst – und diese Schatzkiste will gefüllt werden!

Planen wir doch lieber einen kürzeren Weg, damit wir die Kinder nicht antreiben müssen, um wieder pünktlich zum Mittagessen oder zur Abholzeit zurück zu sein.

Nehmen wir uns ein kleines Stück Entdeckungsreise vor, bei dem wir wirklich Zeit haben, um uns von den Kindern das zeigen und vielleicht auf ihre Art erklären zu lassen, was für sie wichtig ist.

Geräusche hören, Stille wahrnehmen

In manchen Gruppen, die am liebsten laut und wild gestikulierend durch die Gegend laufen würden, ist es sinnvoll, „einfach mal stehen zu bleiben", inne zu halten und auf das, was uns umgibt, zu hören. Lauschen ist hier ein schöner Ausdruck.

Welche Geräusche nehme ich wahr, wenn ich selbst leise bin?

Vor allem größere Kinder halten es oft gar nicht aus, für längere Zeit still zu sein und die Umgebung wirken zu lassen. Umso wichtiger sind immer wieder kurze Stille-Pausen, die die Kinder wieder zu sich selbst zurückführen und sie gleichzeitig mit ihrer Umgebung verbinden.

Entdecken und schmecken

Wir bleiben auch „einfach mal stehen", um genau zu schauen, was es am Wegrand zu entdecken gibt. Sehen, hören, riechen und fühlen verschmelzen zu den Eindrücken von einem erlebnisreichen Spaziergang. Wenn wir Glück haben, wird bei einem Herbstspaziergang auch unser Geschmackssinn befriedigt: den Apfel, der vom Baum im Nachbargarten gefallen ist, probieren wir gemeinsam, und auch von den weit in den Weg hängenden Pflaumenzweigen dürfen wir ein paar Früchte pflücken!

Ein Tag im Wald

Auch ein Wald wurde in vielen Fällen vor langer Zeit angelegt, er wird meist auch (mehr oder weniger) gepflegt. Dennoch erleben die Kinder in ihm Natur pur und eine abenteuerliche und geheimnisvolle Wildnis. Die Blätter rascheln, dürre Zweige knacken, vielleicht hören wir sogar einen Baum im Wind ächzen. Kein Wunder, dass früher die Menschen den Wald voller märchenhafter Wesen ahnten: Feen, Elfen und Zwerge, Gnome, Trolle und Baumgeister bevölkerten in ihrer Vorstellung Dickicht und Baumkronen.

Im Wald finden wir Geborgenheit, wenn wir uns auf ihn einlassen, aber wir ängstigen uns dort auch, wenn er uns fremd ist.

In wunderbarer Weise ist in der Natur (und damit auch im Wald) das richtige Maß und Gleichgewicht zwischen Anregung und Ruhe gegeben. Wir begegnen in ihr einer unendlich großen Menge von Eindrücken, die unsere Sinne beschäftigen. „Reizüberflutung" werden wir hier aber trotzdem kaum erleben.

Der Wald ist ein beinahe grenzenloser Spielplatz und bietet uns mehr noch als ein eingezäunter Garten vor allem eines: Freiraum, um sich zu bewegen, zu laufen, zu klettern, zu balancieren und zu kriechen.

Es gibt aber auch viel Platz, um sich zurückzuziehen und auszuruhen und zu träumen.

Wir haben eine Menge Möglichkeiten, um unsere Kräfte zu spüren und unsere Fähigkeiten zu erproben, wenn wir

- einen Abhang hinunterklettern,
- über unebenen Boden wandern, auf und ab und über große Wurzeln,
- uns durch Dickicht zwängen,
- uns durch tief hängende Zweige schieben und durch hohes Gras schleichen, das vielleicht noch vom Tau oder dem Regen der Nacht feucht ist,
- ein Stück auf einen Baum klettern oder
- aus dicken Ästen Hütten bauen.

Auf der anderen Seite finden wir einen unerschöpflichen Vorrat an Spielmaterial, das die Phantasie und Kreativität der Kinder anregt, weil es einfach und umfassend zugleich ist: Stöcke und Zapfen, Schneckenhäuser und Steine, Samen und Blätter, Rinde und Erde …

Die Ideen für sinn-volle Stunden im Wald liegen vor uns auf dem Weg – wir müssen nur unsere Sinne öffnen und den Kindern Raum geben für eigenes Gestalten.

Wir betonen aber immer wieder, dass wir nur zu Gast im Wald sind. So gehen wir besonders achtsam mit dem Reichtum der Natur um: Wir sammeln nur Dinge, die auf dem Boden liegen, reißen keine Zweige und Blätter ab und keine Blumen aus. Manche Pflanzen sind ja auch giftig oder so selten, dass sie geschützt werden müssen.

Auch die kleinen Tiere brauchen unsere Achtung. Die Kinder verstehen oft, dass wir „Menschenriesen" Verantwortung tragen müssen für die Kleineren und Schwächeren. Wenn wir dies nicht mit erhobenem Zeigefinger vermitteln, sondern die Neugier und Begeisterung der Kinder wecken, gelingt das erstaunlich gut. Einzelne „Verbote" für den Aufenthalt im Wald sind manchmal nötig. Meist ist es aber sinnvoller, für die Kinder verständliche Regeln aufzustellen und ihnen darüber hinaus die wichtige Aufgabe zu übertragen, die kleinen Wunder der Natur wahrzunehmen und behutsam mit ihnen umzugehen (siehe auch „Begegnung mit kleinen Tieren", S. 70).

Aus meiner Zeit im Waldkindergarten möchte ich Ihnen hier einige Anregungen geben:

Schau mal, wie groß die Bäume sind!

Als besonders eindrucksvoll und mächtig erleben wir die Bäume, wenn wir uns auf den Rücken legen und in die dichten Kronen blicken. Wirkliche Waldkönige sind das!

Pst! Hast du das gehört?

Manche Vögel hören wir nur, wenn wir leise sind. Sie sind scheu und lassen sich schnell verjagen. Andere zwitschern, ohne sich stören zu lassen, und wieder andere verbreiten ein krächzendes Geschrei. Wie verschieden die Stimmen der Vögel klingen!

Das fühlt sich schön an!

Die Rinde der meisten Bäume ist normalerweise rau. Manchmal finden wir einen dick bemoosten Baumstamm, dessen Rinde sich wie das weiche, dichte Fell eines Tieres anfühlt.

Es riecht nach Wald!

Der Wald hat einen ganz typischen Geruch, den wir sonst nirgends finden. Es riecht nach Moos und Pilzen, vermodertem Holz und Erde und ab und zu nach frisch gefällten Bäumen.

Mmh, wie das schmeckt!

Da es im Wald auch giftige Beeren und Pflanzen gibt, gilt für die Kinder: Es wird grundsätzlich nichts in den Mund gesteckt! Umso besser schmeckt nach einer langen Wanderung die Brotzeit unter freiem Himmel, begleitet von einem Vogelkonzert.

Ich spüre mich und meine Wurzeln

Kann ich genauso still stehen wie ein Baum?

Meine Füße stehen fest auf dem Boden, ohne sich zu bewegen, mein Kopf streckt sich hoch zum Himmel, und meine Arme zeigen als starke Äste nach oben oder zur Seite.

Auch wenn ich mich mit dem Rücken an einen dicken Baum lehne und die Augen schließe, kann ich in ganz besonderer Weise die Erde unter meinen Füßen spüren.

Begegnung mit kleinen Tieren

Spinnen, Fliegen, Bienen, Wespen, Regenwürmer, Käfer, Schnecken usw. empfinden wir meist als ungeliebte Gäste, selbst die, die offensichtlich sehr nützlich sind, wie Bienen und Regenwürmer. Dass auch die kleinen Tiere unsere Achtung verdienen, dass sie als Teil der Schöpfung ihren Sinn und Wert haben, sollten auch wir Erwachsenen berücksichtigen und den Kindern vermitteln.

Ruhe und Achtsamkeit gehört dazu, wenn wir einen Regenwurm anfassen oder einen kleinen Käfer von Hand zu Hand klettern lassen. Wir beobachten die Krabbeltiere und bestaunen sie unter der Lupe, wir sprechen über die oft erstaunlichen Fähigkeiten der einzelnen Tiere, vertiefen durch Bilderbücher unsere Kenntnisse und werden durch Lieder und Verse mit diesen winzigen Geschöpfen vertraut.

Die meisten Tiere, die sich zu uns ins Haus verirrt haben, können wir mit Hilfe eines Glases, das wir darüberstülpen, und eines Pappstücks, das wir dann darunterschieben, unbeschadet retten und in die Freiheit entlassen. Fast alle Kinder wollen sie davor aber noch einmal genau anschauen!

Eine kleine Spinne

Eindrucksvoll sind immer wieder Spinnennetze, die wir überall draußen entdecken können. Hängen Tautropfen an den Fäden, fällt uns das Wunderbare dieses Bauwerks auf – wie sollten wir da nicht Respekt vor den Baumeistern empfinden?

Zeit für eine Schnecke

Die Ausdauer, Kraft und Geschicklichkeit einer Schnecke wird uns besonders deutlich, wenn wir sie dabei beobachten, wie sie auf einer senkrecht stehenden Glasplatte (so können wir auch die Unterseite der Schnecke betrachten) nach oben kriecht.

Ein spannender Augenblick ist es, wenn das Tier sich am Rand nach oben streckt, um mit tastenden Fühlern zu suchen, wo der Weg weitergeht. Da Schnecken angeblich sogar über Rasierklingen kriechen können, ist die dünne Glasscheibe kein Problem für sie. Das Vorderteil der Schnecke beugt sich tief zur Rückseite der Scheibe hinunter. Noch ein kleines Stück, dann kippt das Schneckenhaus mit einem Ruck über den Rand, aber die Schnecke verliert nicht das Gleichgewicht. Nach kurzer Pause kriecht sie nun kopfüber nach unten.
Ein wahrer Kletterkünstler ist sie, da sind wir uns alle einig!

Viele Erwachsene finden Schnecken „eklig", nicht nur, weil sie in den Gärten ihr Unwesen treiben und mit ihrer Gefräßigkeit liebevoll gepflegte Pflanzen vernichten. Vielmehr liegt es an ihrem klebrigen Schleim, der sie aber erst zu solchen Kletterprofis werden lässt.

Kinder haben meist ein unbefangenes Verhältnis zu Schnecken, Spinnen und anderem Getier, wenn sie nicht von Erwachsenen zu Ablehnung oder gar Abscheu erzogen werden.

**So ein kleiner Krabbelkäfer
kitzelt mich auf meiner Hand.
Doch dann breitet er die Flügel
und fliegt weiter übers Land.**

Erfahrungen mit jedem Wetter

Draußen sein bedeutet auch immer, dem Wetter ausgesetzt zu sein, der Hitze und der Kälte, der Sonne und dem Regen, dem Wind und dem Nebel, dem Hagel und dem Schnee.

Wir können (und sollen) uns schützen, wo es notwendig ist. Aber Kinder vor Regen, Wind und Kälte grundsätzlich zu bewahren, nimmt ihnen nicht nur die Möglichkeit der Abhärtung, sondern auch eine Vielzahl von sinnlichen Erfahrungen, kreativen Ideen und die Fähigkeit zum verantwortlichen Umgang mit dem eigenen Körper. Wie viele Kinder spüren nicht mehr, wenn ihnen zu warm wird; sie ziehen mittags all das an, was sie morgens von den Erwachsenen zu Hause angezogen bekommen haben, und wehren sich manchmal heftig dagegen, irgendetwas davon in der Mittagssonne wieder auszuziehen!

Kinder werden nicht gleich krank, wenn sie
- von einem Regenguss überrascht werden,
- sich im Schnee wälzen,
- kalte Hände bekommen, weil sie sich weigern, Handschuhe zu tragen,
- in Regenpfützen stampfen und dabei nasse Füße bekommen.

Kinder werden aber ärmer, wenn sie all diese Erlebnisse nicht haben dürfen.

Ganz viel Spaß macht auch
- Schneeflocken mit der Zunge auffangen,
- sich vom Wind beinahe umblasen lassen oder
- mit ausgebreiteten Armen und Rückenwind „fliegen" spielen,
- dem Regen zuhören, wenn er in einen Blecheimer tropft,
- im kalten Winter nach dem Aufenthalt im Freien wieder ins warme Haus kommen,
- trocken gerubbelt werden, wenn man nass geworden ist, und dann frische Sachen anziehen.

Wenn wir den Kindern „Wetter" zutrauen und zumuten, machen wir sie mutig und stark. Wir bieten ihnen ein Stück Verbindung zur Umwelt, eine Möglichkeit, sich sicher und zu Hause zu fühlen in dem, was uns umgibt. Kinder lernen ihren eigenen Körper kennen und seine Reaktionen auf das, was ihm von außen entgegentritt. Sie wachsen in die Verantwortung für sich selbst hinein und spüren gleichzeitig die Fürsorge anderer Menschen.

Mit allen Sinnen durch das Jahr

Der Frühling – ein Fest für die Sinne

Die meisten Menschen sehnen sich im Winter, der uns in der Natur viel Dunkelheit, Kälte und kaum Farben beschert, nach den ersten Frühlingsboten und den Tagen, die wieder länger und milder werden.

Nicht nur die Natur blüht im Frühling auf, sondern auch wir. Körper und Seele atmen auf, und wenn es uns gelungen ist, ein wenig Winterruhe zu halten, spüren wir, wie sich neue Kräfte regen, die sich auf Aktivität und Schaffen einstellen.

Für die vielen Überraschungen, die wir in dieser Zeit in der Natur erleben, sind Kinder sehr schnell zu begeistern. Wenn sich aus einer Knospe die Blütenblätter breiten, wenn sich aus einem Samen die ersten Wurzelspitzen und Keime strecken, wenn jeden Tag neues Wachsen und Blühen zu entdecken ist, staunen Kleine wie Große über dieses Wunder des Lebens.

Wenn wir Erwachsene uns dieses Staunen über die Natur trotz allen Wissens bewahrt haben, können wir ohne Mühe und mit eigener Begeisterung Begleiter sein auf diesem „Weg in den Frühling" mit allen Sinnen.

Kastanie, Weizen und Blumenzwiebel faszinierten die Kinder meiner Gruppe besonders und sollen hier als Beispiele für Naturerfahrung im Frühling stehen.

Kastanie

Die Wurzeln

Wenn der letzte Schnee geschmolzen ist, findet man unter Kastanienbäumen oft noch viele Kastanien, die meisten vertrocknet oder angefault, manche aber mit winzigen weißen Wurzelspitzen. Manchmal hilft es auch, Kastanien aus dem Vorjahr für ein bis zwei Tage in Wasser zu legen, um das Keimen anzuregen. Voraussetzung ist allerdings, dass sie im Winter nicht vertrocknet sind.

Kastanien kennen alle Kinder – aber kaum einer hat schon einmal eine in dieser Art gesehen. Meist erzähle ich den Kindern eine kleine Geschichte, einen Rahmen für unsere Entdeckung, bevor ich ihnen die „Überraschung" zeige:

„Am Wochenende habe ich meine Freundin besucht. Sie hat einen großen Garten, in dem ein Kastanienbaum steht. Im letzten Herbst habe ich dort ganz viele Kastanien gesammelt und euch mitgebracht – wisst ihr das noch? Aber jetzt ist kein Herbst, sondern Frühling, und deswegen fallen auch keine Kastanien vom Baum. Aber stellt euch vor, was ich im Garten bei meiner Freundin auf der Wiese gefunden habe!"

Ich ziehe die Kastanie mit dem Keim aus der Tasche und zeige sie den Kindern. Alle wissen, was ich da in der Hand habe; aber vielleicht entdecken sie selbst: „Da ist ja was Weißes dran!"

Kann sein, dass einer aus der Gruppe weiß, dass das eine winzige Wurzel ist. Leider aber haben die meisten Kinder nur mehr wenig Bezug zur Natur und kennen kaum mehr die Zusammenhänge von Keimen, Wachsen, Blühen und Reifen. Von diesem Thema faszinieren lassen sich jedoch alle Kinder!

Wir beobachten die Wurzel eine Weile auf einem Teller mit feuchter Watte, sie streckt sich täglich ein Stückchen weiter. Besser noch ist es, sie in ein Glas mit Erde zu stecken, so, dass die Wurzel ganz nah an der Glaswand zu sehen ist. Auch die Erde muss gut feucht gehalten werden. Neugierig schauen die Kinder jeden Morgen nach, was sich getan hat. Bald entdecken sie, dass sich kleine dünne Seitenwurzeln entwickelt haben.

Jetzt ist es Zeit, die Kastanie vorsichtig, damit die Wurzel nicht abbricht, in einen großen Blumentopf zu pflanzen. Wir stellen ihn auf die Terrasse oder in den Garten und vergessen nicht zu gießen, wenn die Erde trocken wird.

Bald erleben wir, dass sich etwas Grünes aus der Erde schiebt, ein Stängel – der winzige Anfang eines kleinen Baumes.

Das Staunen ist noch größer, als sich wieder später die ersten zarten Blätter entfalten, die aber genau so aussehen wie die Blätter eines großen Kastanienbaumes, den wir auf einem Spaziergang besuchen. Nur eben ein Stück kleiner.

Sarah, die in meiner Krippengruppe die „Wurzelaktion" erlebte, fragte mich, als die Kastanie in den Topf gepflanzt und nichts mehr außer brauner Erde zu sehen war, viele Tage lang immer wieder: „Wo ist denn die Wurzel?" Sie wurde nicht müde zu fragen und meine immer gleiche Erklärung anzuhören. Sie war erst zufrieden, als die Kastanie ihren grünen Stängel aus der Erde nach oben schob und unsere Pflanze zu wachsen begann.

Die Knospe

Vor vielen Jahren war ich einmal dabei, als von einem riesigen Kastanienbaum große Äste abgesägt wurden – im Frühling, als gerade die Knospen dick und prall waren. Ich nahm mir einige der Zweige mit nach Hause, stellte sie in eine große Vase und konnte zum ersten Mal beobachten, wie sich die klebrigen Knospenschuppen langsam auseinander schoben, erst nur ein winziges Stückchen Grün zu sehen war, das sich immer mehr Platz eroberte, bis die Schuppen abfielen und sich die ersten samtig behaarten Blätter entfalteten.

Diese „Knospenwunder" dürfen meine Kinder nun jedes Jahr gespannt an einem kleinen Kastanienzweig auf dem Tisch verfolgen. Mit großer Begeisterung und Achtsamkeit registrieren sie jede noch so kleine Veränderung.

„Da ist was Grünes an der Knospe!" begrüßte mich eines Morgens Hannes und ließ meine Hand nicht mehr los, bis ich mich selbst davon überzeugt hatte.

Der Wandel von der großen klebrigen Knospe über das zuerst kaum erkennbare Grün, die abfallenden braunen Schuppen und schließlich die feinen Härchen der zarten Blätter – das alles war ein großes Ereignis in unserer Gruppe, das eigentlich gar nicht so außergewöhnlich ist, da Kastanien häufig bei uns vorkommen. Nur sind sie meist so hoch, dass wir die ersten Veränderungen kaum erkennen. Wir besuchen den Kastanienbaum auch sicher nicht jeden Tag, außer er steht in unserem eigenen Garten.

Diese Entwicklung aus der Nähe zu erleben, „hautnah" außerdem, ist wirklich ein Fest für die Sinne, für Kinder wie für Erwachsene.

**Kleine Knospe auf dem Baum
schläft die ganze Winterzeit.
Aber wenn der Frühling kommt,
wacht sie auf und ist bereit.**

Besuch beim Kastanienbaum

Nicht jeder hat das Glück, eine Kastanie in seinem Garten zu haben.

Gerade wenn wir uns so intensiv mit dem Wachsen und Werden der Kastanien beschäftigen, ist es schön, wenn wir einen Kastanienbaum in der Nähe immer wieder besuchen. Ist er mit einem kleinen Spaziergang zu erreichen, sollten wir uns über das Jahr öfter auf den Weg zu ihm machen, um die Knospen und die wunderbaren Blütenkerzen anzuschauen und die winzigen grünen Igel, die immer größer werden, bis sie endlich reif vom Baum fallen.

Den Abschluss unseres „Kastanienjahres" bildet natürlich dann das Kastaniensammeln im Herbst!

Weizen

Wenn ich im Frühling für meine Kinder Weizenkörner mitbringe, wissen die wenigsten, was das ist. „Samen", vermuten die meisten. Damit liegen sie natürlich erst einmal richtig.

Wir sprechen zusammen über die besonderen Körner, und jeder bekommt so einen Winzling in die Hand. Man muss schon achtsam sein, um ihn nicht gleich zu verlieren! Wir stellen fest, dass er ganz hart ist. „Kann man den essen?" fragt Fabian, der fast immer Hunger hat. Selbstverständlich soll sich niemand die Zähne ausbeißen, aber wer will, kann das Korn in den Mund nehmen und vorsichtig versuchen, es zu zerkauen.

Über Nacht weiche ich eine Hand voll Weizenkörner in Wasser ein und bringe sie am nächsten Tag mit. Wir vergleichen sie mit denen vom Vortag und stellen beim genauen Hinsehen fest, dass sie ein kleines bisschen dicker geworden sind. Und sie sind weich! Wir können sie also essen, ohne Angst um unsere Zähne haben zu müssen. Die meisten Kinder finden sie sehr lecker und verlangen Nachschub.

Wieder weiche ich den verbliebenen Teil dieser Körner ein. Zur Beobachtung nehme ich sie täglich morgens in meine Gruppe mit – da ich reichlichen Vorrat habe, darf auch immer wieder neu probiert werden!

Am zweiten oder dritten Tag entdecken wir weiße Punkte und später kleine Triebe an den Spitzen der Körner. Inzwischen schmeckt der Weizen süß und saftig!

Es dauert nicht lange, dann haben sich grüne Keime auf der einen Seite und kleine weiße Wurzeln auf der anderen Seite entwickelt.

Die übrig gebliebenen Körner (die wir nicht Tag für Tag aufgegessen haben) streuen wir auf die Erde eines großen Blumentopfes. Wenig Erde streuen wir noch darüber. Jeden Tag besprühen wir unseren Weizentopf. (Beim Gießen werden die Körner zu leicht weggespült.)

Nach einer Woche etwa, je nach Wärme, sind die Spitzen einige Zentimeter gewachsen und sehen wie Gras aus. Schön ist es, über das weiche Grün zu streicheln! Die Kinder tun das sehr vorsichtig und mit großem Genuss.

Später stellen wir den Topf nach draußen, das „Gras" wächst weiter, und im Sommer entstehen einige wenige Ähren. Die Kinder entdecken sie sofort, und als sie vom Wind umgebrochen werden, schneiden wir sie ab und heben sie auf für unseren Erntedanktisch im Herbst.

Vielleicht säen wir den Weizen im nächsten Jahr auf ein Beet – wo es ihm sicher besser gefällt als im Blumentopf. Bestimmt entwickelt er dann große und starke Ähren und bringt reichere Ernte.

Unsere „Wunderblume"

Gerade den richtigen Zeitpunkt hatten wir wohl gefunden, als wir vor ein paar Jahren eine Amarylliszwiebel im Frühling in einen Blumentopf in unserem Gruppenraum pflanzten. Genau zu unserem Osterfest stand sie in voller Blüte!

Recht vertrocknet sah die Zwiebel aus, als ich sie den Kindern zeigte. Daraus sollte etwas wachsen? Einer entdeckte dann aber etwas Grünes zwischen den braunen Schalen, und so waren wir voller Erwartung.

Wir konnten beinahe zusehen, wie sich breite Blätter aus der Zwiebel schoben und sich schließlich eine dicke Knospe zeigte, die sich zwischen ihnen nach oben drückte.

Als wir feststellten, dass unsere Pflanze jeden Tag sichtlich ein ganzes Stück wuchs, klebten wir an die Wand hinter dem Blumentopf einen Bogen Papier und kennzeichneten mit dem Bleistift (wie auf der Messlatte für die Kinder) das tägliche Größerwerden. An manchen Tagen maßen wir 5 cm!

Vielleicht war dieses unglaubliche Wachstum, das wir miterleben konnten, sogar das größere Wunder als die leuchtendroten Blüten, die uns zu Ostern so viel Freude bereiteten. Den Stängel mussten wir übrigens zum Schluss anbinden, da die üppigen schweren Blüten ihn sonst geknickt hätten.

Sommerfrische

Woran denken wir, wenn wir über den Sommer reden? Vor allem an viel Sonne, Barfußlaufen und ans Baden!

Wasserspaß

Kaum etwas ist so vielseitig und tritt in so vielen verschiedenen Formen und Gestalten auf wie das Wasser:
- als Tropfen und Wasserstrahl,
- als Regen und Pfütze,
- als Teich, See, Bach, Fluss und Meer.

Außerdem ist Wasser das erste Element, das ein Kind im Bauch der Mutter erlebt, noch ehe es auf die Welt kommt.

Liegt es daran, dass Wasser eine so ungeheure Anziehungskraft auf die Kleinsten ausübt?

Laufende Wasserhähne im Waschraum (inklusive Überschwemmung auf dem Boden), „pritscheln" und spritzen, plantschen und ausschütten – es gibt einen Reichtum an Ideen und Möglichkeiten für kleine Forscher und Entdecker (der verständlicherweise nicht immer genützt werden darf).

Der Umgang mit Wasser ist ein Erlebnis mit allen Sinnen und bietet eine Fülle von ganzheitlichen Eindrücken und Erfahrungen.

Wie gut, wenn wir uns im Sommer im Garten an vielen Tagen frei entfalten können und das Wasser als Spielmaterial anbieten!

An heißen Tagen brauchen wir keine Sorge haben, dass sich die Kinder erkälten, und die Kleidung, die nass werden kann und darf und auch wieder schnell trocknet, ist überschaubar: Badehose, Hemdchen und ein Sonnenhut.

Nun brauchen wir nur noch: Eimer und Wannen und viel Wasser! Wahrscheinlich haben die Kinder genug eigene Ideen, aber natürlich kann es auch hier passieren, dass das Spiel „ausufert" und in geregelte Bahnen gelenkt werden muss.

Grenzen und Regeln gibt es eben immer! Genug Anregungen stehen den Kleinen dann von unserer Seite her zur Verfügung.

Kleine Wasserspiele

- Wir schöpfen und gießen Wasser mit großen und kleinen Bechern, Schüsseln, Löffeln, Schöpflöffeln usw.
- Funktioniert das Schöpfen auch mit einem Sieb oder einem Plastikblumentopf mit Löchern?
- Mit unseren Händen können wir ebenfalls schöpfen. Schaffen wir es, die Finger so dicht aneinander zu drücken, dass kein Wasser durchtropft?

Wasserlauf
Mit einem Becher oder kleinen Eimer schöpfen wir Wasser aus einer Wanne und transportieren es – möglichst ohne etwas zu verschütten – zu einer anderen Wanne.

Schwammspiele
- Wir lassen einen Schwamm in einem Eimer mit Wasser sich voll saugen. Wir laufen zu einem zweiten Eimer und drücken ihn dort aus.
- Wir werfen einen nassen Schwamm auf ein Ziel (zum Beispiel in einen Eimer, auf eine Wand oder einen Baum).
- Mit einem Schwamm und einem Eimerchen voll Wasser geht es ans „Saubermachen": Spielgeräte, Baumstämme, Tische usw. dürfen nach Herzenslust „geputzt" werden.

Malen mit Wasser
Die große Mauer, die unsere Einrichtung vom öffentlichen Weg abgrenzte, nützten wir als wunderbarste und größte Malwand während der Freispielzeit im Garten. Nicht nur Pflasterkreiden kamen dort zum Einsatz. Manchmal war uns das „Farbmehl", das manche Kinder produzierten, ohne wirklich zu malen, zu viel.

Als wir den Kleinen breite Pinsel und Eimer mit Wasser anboten, fanden sie das mindestens genauso spannend. Sie malten mit großer Ausdauer und beobachteten fasziniert, wie ihr „Bild" nach und nach wieder verschwand, weil es trocknete.

Was schwimmt? Was geht unter?
- Die Kinder probieren Alltagsgegenstände und Dinge aus der Natur aus.
- Ein Stein geht zwar unter, aber er schwimmt, wenn wir ihn auf ein Holzbrettchen legen.
- Viel Spaß macht es, einen Tischtennis- oder kleinen Gummiball unter Wasser zu drücken und dann loszulassen.

Geräusche mit Wasser

Wasser klingt verschieden. Wir experimentieren:

- aufs Wasser patschen
- kräftig rühren (mit der Hand oder einem Holzlöffel)
- mit den Händen schöpfen und das Wasser zwischen den Fingern hinuntertropfen lassen
- mit einem Strohhalm oder einem dünnen Schlauch blubbern

Wasser spritzen

- In der Apotheke bekommt man Spritzen in verschiedenen Größen. Die Wassermenge ist gering, aber der Spaß trotzdem groß. Das Einziehen des Wassers und es dann wieder nach vorne zu schieben erfordert am Anfang einige Geschicklichkeit.
- Einfacher zu handhaben sind leere Spülmittelflaschen. Die Kleinsten brauchen dafür jedoch ganz schön viel Kraft!
- Das Wasser aus einem Gartenschlauch stellt für manche Kinder eine Mutprobe dar: Nass spritzen lassen oder lieber doch nicht? Oder vielleicht unter dem hohen Wasserbogen durchlaufen und höchstens ein paar Tropfen abbekommen?
- Wenn wir Glück haben (das heißt, wenn wir den Wasserstrahl im richtigen Winkel zur Sonne sehen), entdecken wir sogar einen „selbst gemachten" Regenbogen!

Übrigens: Auch „Matsch" gehört zum breiten Thema „Wasser" (in Verbindung mit Sand oder Erde). Er ist nicht ganz so beliebt, da er nicht einfach nur trocknet, sondern mit „Dreck" verbunden ist. Trotzdem sollten wir den Kindern diese Erfahrungen mit einem ganz besonderen Spielmaterial wenigstens ab und zu ermöglichen.

Sonne und Schatten

Sonne verändert die Dinge. Sie lässt Glas aufblitzen, bringt Blätter beim Durchscheinen zum Leuchten, fällt als sichtbarer Strahl durch die Bäume im Wald und als heller Streifen durch den Türspalt auf den Boden. Sie lässt das Wasser glitzern und verwandelt die Tautropfen auf einer Wiese in funkelnde Perlen. Scheint sie durch einen Glaskristall, der in unserem Zimmer vor dem Fenster hängt, zaubert sie Regenbogenfarben an die weiße Wand.

Sonne lässt uns im Sommer schwitzen, sie heizt Metall auf (zum Beispiel unsere Rutsche), sie erwärmt das Wasser im Planschbecken und trocknet unsere nassen Hände. Auf Schritt und Tritt erleben wir die Sonne. Wir sehen und fühlen, was sie bewirkt. Hören allerdings können wir sie nicht.

Wo Sonne ist, gibt es auch Schatten.
An einem sonnigen Vormittag entdeckte die kleine Annika, die vor kurzem erst in unserer Gruppe das Laufen gelernt hatte, ihren Schatten. Sie stand eine ganze Weile erstaunt da und starrte auf den langen dunklen Fleck, der sich von ihren Füßen aus auf dem Boden ausbreitete. (Sie stand mit dem Rücken zum Fenster, durch das die Sonne fiel.)

Später gesellten sich einige Kinder dazu, hoben die Arme, um noch größer zu werden, winkten und beobachteten die Bewegungen der Schattenfiguren.

Tagelang waren wir damit beschäftigt, unsere Schatten und ihre Größe zu vergleichen, uns als Schatten gegenseitig zu berühren und auch Gegenstände mit einzubeziehen.

Seifenblasen

Seifenblasen sind eines der kleinen Wunder, die Kinder wie Erwachsene zum Staunen und Freuen bringen. Manche der schillernden zarten Kugeln schaffen es, hoch bis in den Himmel zu entschwinden, ohne vorher zu zerplatzen. Viele aber werden von den Kindern „gefangen", und ein Nichts bleibt in den Händen zurück.

Die kleinen Seifenblasendosen, die noch so aussehen wie früher, kennt bestimmt jeder. Für größere Seifenblasen bauen wir selbst einen Ring (einfach, aber mit etwas Zeitaufwand):

Seifenblasenring

Aus einem kräftigen Draht biegen wir einen Ring in der gewünschten Größe. Die beiden Enden verdrehen wir zu einem geraden Stück, mindestens 3 cm lang. Nun umwickeln wir den Ring dicht mit Wolle. Schließlich bohren wir in ein Aststück oder einen Rundstab (unseren Haltegriff) ein Loch und leimen das gerade Drahtstück hinein. Unser Seifenblasenring ist fertig zum ersten Ausprobieren!

Als Seifenlauge hat sich bei uns ein Rezept bewährt, das mir eine Freundin geschickt hat:

Riesenseifenblasen
Zutaten:
750 g HAKA Neutralseife
25 g Tapetenkleister
500 g Zucker
1 l lauwarmes Wasser

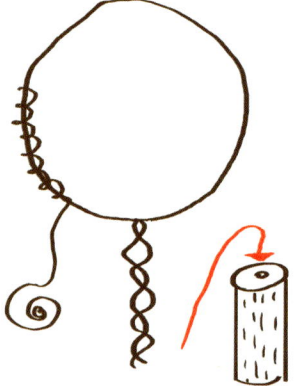

Zubereitung:
Alles gut verrühren,
einen Tag stehen lassen,
9 l Wasser dazugeben und wieder gut verrühren.

Gut verschlossen hält sich die Seifenblasenlauge viele Wochen.

Im Baumarkt oder Gartencenter finden Sie Untersetzer mit großem Durchmesser als Schale zum Eintauchen der Ringe.

Herbstgeschenke

Herbstzeit ist nicht nur Erntezeit, sondern auch Sammelzeit. Regt sich da ein uralter Trieb des Menschen, wenn auch manche Erwachsene nicht durch einen Park gehen können, ohne sich nach den glänzenden Kastanien zu bücken? Was für ein Finderglück für Kinder, wenn sie die prallgefüllten Taschen kaum mehr schleppen können!

Suchen, finden und sammeln ist das eine Vergnügen; zu Hause damit zu spielen das andere.

Spiele mit Kastanien

- Die Kinder bohren mit einem Nagelbohrer Löcher in Kastanien (eventuell dabei helfen) und fädeln sie mit Hilfe einer dicken Nadel und einer Schnur auf.
- Wir kippen viele Kastanien in eine Wanne und „baden" darin. (Achtung! Frische Kastanien, die dicht liegen, schimmeln schnell! Am besten breiten wir sie nach der Spielzeit auf dem Boden zum Trocknen aus.)
- Kastanien, in eine Dose gefüllt und dann verschlossen, ergeben eine Rassel. Wie klingt es, wenn wir eine oder zwei Kastanien oder aber ganz viele hineingeben?

Allein das Anfassen der stacheligen Kastanienigel (wozu Mut gehört!) und das Streicheln der glatten braunen Früchte ist in seiner Gegensätzlichkeit faszinierend.

Legen wir einen geschlossenen „Igel" in unser Regal oder auf den Jahreszeitentisch, können wir beobachten, wie die Schale nach und nach vertrocknet, sich erst einen Spalt öffnet, die glänzende Kastanie zum Vorschein kommt und die Schale schließlich auseinander bricht.

Kastanienbaum

Vor unserm Fenster steht ein Baum
mit Ästen stark und dick.
Es hängen grüne Igel dran.

Da kommt der Wind zum Glück.
Er rüttelt sie und schüttelt sie –
da fallen eins, zwei, drei
die Stacheligel in das Gras
und brechen dort entzwei.

Nun kullern braune, glatte Kugeln,
mal groß und mal ganz klein.
Kommt mit, wir laufen auf die Wiese
und sammeln alle ein!

Spiele mit Blättern

Auch Blätter sind ein wunderbares kostenloses Material, mit dem man basteln, drucken, spielen und experimentieren kann.

- Draußen im Garten fallen uns bei der Fülle der Blätter Veränderungen kaum auf. Nehmen wir aber ein frisch herabgefallenes Blatt mit ins Zimmer, sehen wir, dass sich in der Wärme nach kurzer Zeit die Spitzen nach oben biegen und aus der ziemlich geraden Fläche durch das Trocknen so etwas wie ein Körbchen oder ein anderes seltsames Objekt entsteht.
- Durch Wege voller Laub zu rascheln ist ein großes Vergnügen. Hier dürfen Kinder und Erwachsene nach Herzenslust schlurfen oder mit den Füßen die Blätter nach oben werfen.
- Im Garten sammeln und rechen wir die Blätter auf einen großen Haufen. Wir springen hinein, ohne uns weh zu tun, oder nehmen zu zweit oder dritt auf diesem „Sofa" Platz.
- Noch ist es weit bis zum Winter, aber die Kinder rufen voller Begeisterung: „Es schneit, es schneit!", wenn sie mit beiden Armen in den Blätterberg greifen und das Laub hoch nach oben werfen, von wo es auf die eigenen Köpfe und auf die Kameraden herabsegelt. Macht der Erwachsene mit seinen großen Händen mit, gibt es ein richtiges „Herbstgestöber"!

Spiele mit anderen Fundsachen

Der Reichtum an Herbstgeschenken ist riesengroß. Hier nur eine Auswahl:

- Die Samen des Ahorns sind nicht nur „Nasenzwicker", sie trudeln auch wie kleine Propeller zu Boden, wenn wir sie in die Luft werfen.
- Die Hüllen der Bucheckern fühlen sich außen pelzig an, innen aber ganz glatt. Auf den Finger gesteckt werden sie zu Zwergenhütchen.
- Samen und Nüsse (Haselnüsse, Walnüsse) brauchen wir für die Puppenküche oder den Kaufladen.
- Wir klopfen zwei Walnüsse aneinander und unterstützen damit den Rhythmus eines Liedes.
- Walnussschalen werden zu Schiffchen oder zu kleinen Mäusen (mit Wollschwanz und Filzohren).
- Frische Haselnüsse und Walnüsse (ohne das bittere Häutchen) schmecken weich und süß – ein besonderer Genuss!

Winterzeit

Neigt sich der reiche, bunte Herbst dem Ende zu, ziehen sich nicht nur Tiere und Pflanzen zurück, sondern mehr und mehr auch die Menschen. Kälte und dunkle Tage bestimmen das Leben in der Natur im Winter.

Schnee und Eis

Aber vor allem die Kinder werden durch Schnee und Eis nach draußen gelockt, und die ersten Schneeflocken bringen uns jedes Jahr wieder zum Staunen. Schnee sieht weiß aus, aber er glitzert in der Sonne wie verzaubert. Er kann weich sein (als Pulverschnee), hart, wenn er vereist, und nass und matschig, wenn es ein wenig wärmer wird.

Schnee ist ein wunderbares Baumaterial, wir können auf ihm rutschen (noch besser auf Eis), wir schauen ihm beim Schmelzen zu, und wir entdecken Eiszapfen an den Dächern. Sind die Pfützen zugefroren, knirscht und knackt es unter unseren Füßen, wenn wir darüberlaufen. Manchmal bricht das Eis, und nehmen wir die einzelnen Teile in die Hand, sind sie zerbrechlich und fast durchsichtig wie Fensterscheiben.

Die Kleinsten haben oft Mühe, durch den tiefen Schnee zu stapfen. Wenn wir Erwachsene ihnen als „Schneewalze" eine Spur tappen, fühlen auch sie sich – warm angezogen – in unserer „Winterwunderlandschaft" wohl.

Düfte und Leckereien

Da die Natur so karg geworden ist, verwöhnen sich die Menschen im Winter mit hellem Kerzenschein, heißem Tee, duftendem Gebäck und anderen Wohlfühl-Geschenken.

Früher gehörten Mandarinen und Lebkuchen unbedingt zur Adventszeit. Seit viele Dinge nicht mehr nur in diesen klar begrenzten Wochen erhältlich sind, haben sie ihre Besonderheit weitgehend verloren – und mit ihr die wertvolle Vorfreude und Erwartung.

Trotzdem können wir die Kinder in der Zeit vor Weihnachten mit allen Sinnen auf das Fest einstimmen.

- Wir besorgen für unseren Gruppenraum echte **Tannenzweige,** die herrlich nach Wald duften (und kaum nadeln).
- Immer wieder einmal gibt es zur Brotzeit **Mandarinen** aus dem Naturkostladen oder Biomarkt, die beim Schälen duften und sehr aromatisch schmecken (allerdings auch meist Kerne haben).
- Wir zünden in unserem Kreis eine **Bienenwachskerze** an, die nicht nur leuchtet, sondern auch einen sanften Geruch verströmt.
- Auf dem Jahreszeitentisch oder einem niedrigen Fensterbrett bauen wir einen **Krippenweg** auf, den wir unter anderem mit Rinde, Moos und Heu gestalten. Unsere Nase ist ganz nah mit dabei!
- Zur Abwechslung backen wir einmal keine Plätzchen, sondern einen **Adventskuchen,** möglichst in Sternform. Frisch geriebene Orangenschale (kein fertiges Aroma!), Kakao, Mehl, Honig, gemahlene Mandeln – alles wird erschnuppert und probiert. Reihum geben die Kinder die Zutaten in die Schüssel. Gerührt wird bei uns mit einem Holzlöffel, denn Elektroquirl und Küchenmaschine erleben die meisten Kinder ohnehin zu Hause. Mit vereinten Kräften stellen wir den Teig her, und ist er erst einmal im Ofen, duftet es bald wunderbar! Wenn er dann fertig gebacken und ausgekühlt ist, müssen wir ihn sofort probieren. Mmh, soo lecker!

Adventsstern

Zutaten:

150 g Butter, 150 g Honig, 3 Eier
200 g Mehl, 1 gehäufter TL Backpulver
2 gestrichene EL Kakao
Lebkuchengewürz nach Geschmack
200 g geriebene Mandeln
die Hälfte der abgeriebenen Schale einer ungespritzten Orange
6 EL Milch

Zubereitung:
Alle Zutaten nach und nach miteinander verrühren,
eine Kuchenform (wenn möglich einen Stern) einfetten,
den Backofen auf 180° Grad vorheizen,
den Kuchen auf der mittleren Schiene etwa 1 Stunde backen.

(Eigentlich wollten wir ihn ja noch mit Schokoladenglasur überziehen, aber das haben wir bisher noch in keinem Jahr geschafft – zu fein hat unser Adventsstern geduftet, und wir konnten einfach nicht länger mit dem Probieren warten!)

Dunkelheit und Licht

Dunkelheit hat für Kinder oft etwas Beängstigendes. Manches Kind schiebt das Ins-Bett-Gehen hinaus, so lange es nur geht, nicht nur, weil es nichts versäumen möchte, sondern auch, weil es sich davor fürchtet, im Dunkel allein zu sein. Es weigert sich einzuschlafen, wenn die Tür nicht einen Spalt offen steht oder ein kleines Licht eingeschaltet bleibt.

Andererseits suchen sich Kinder immer wieder Plätze zum Spielen aus, in denen es dämmrig ist, sie verkriechen sich in Schränken oder bauen sich Höhlen aus Matratzen, Tüchern und Decken. Ausgepolstert mit Kissen werden diese Ecken zu gemütlichen und geheimnisvollen Orten zum Spielen und Verstecken, zum Ausruhen und zum Träumen.

In der Adventszeit brachte ich Leuchtsterne mit. Für lange Zeit waren die Jungen und Mädchen beschäftigt, in ihrer Höhle unterm Tisch das sanfte kleine Licht zu bestaunen, um nach einer Weile, wenn die Sterne wieder blasser geworden waren, aus ihrem Versteck zu krabbeln und die Sterne im Hellen wieder „aufzutanken".

Unter manchen Decken hörte ich ab und zu unser kleines Sternenlied:

Stern, Stern, leuchte für uns
in der Dunkelheit!
Stern, Stern, leuchte für uns!
Bald ist Weihnachtszeit.

Nicht alle Kinder können wirkliche Dunkelheit ertragen. Wenn sie aber den Mut dazu aufbringen und sich in einem geschützten und vertrauten Raum darauf einlassen, ist es für sie ein spannendes Erlebnis, von dem sie später selbstbewusst erzählen.

In einem Kindergarten, in dem ich vor einigen Jahren gearbeitet habe, gab es einen Nebenraum, der sich durch dichte Rollos vollkommen abdunkeln ließ. Das Zimmer diente meist als Turnraum; nur in einer Ecke waren Matratzen gestapelt, sonst war er leer. Die Kinder kannten diesen Raum, sie liebten es, dort zu toben und Matratzenburgen zu bauen. Sie waren auch mit der Gruppe schon vertraut und mit uns Erwachsenen.

Als ich sie eines Tages dazu einlud, mich in den dunklen Raum zu begleiten, waren fast alle Kinder dazu bereit. Bei geöffneter Tür setzten wir uns dicht nebeneinander auf den Boden, und meine Kollegin schloss die Tür. Es war wirklich stockfinster! Um keine Angst aufkommen zu lassen, sagte ich: „Hier ist es aber richtig dunkel. Wie gut, dass wir alle ganz nah zusammen sind. Wer sitzt denn da gleich neben mir?" Bei dieser Frage berührte ich das Kind, das sich an mich gedrückt hatte, und es antwortete mit seinem Namen. Wir fragten weiter, und alle meldeten sich zu Wort. Vorsichtig streckten wir die Hände aus. Manche Kinder kicherten: „Oh, da ist ja ein Fuß! Wem gehört denn der?"

Die meisten Kinder stimmten mir zu, als ich meinte: „Eigentlich ist es ganz gemütlich so, auch wenn wir jetzt grade nichts sehen. Aber ich spüre euch ja, das tut gut, und hören kann ich euch auch!"

Keines der Kinder wurde unruhig und wollte den Raum verlassen. Im Gegenteil: Alle schienen die Dunkelheit auszukosten. Über den Mut unserer Kleinen und ihr tiefes Vertrauen freute ich mich sehr.

So saßen wir eine ganze Weile und erzählten und kuschelten, als wir plötzlich entdeckten, dass nicht **alles** dunkel war. Wir konnten unser Gegenüber zwar nicht erkennen, aber wir sahen nun ein Stück entfernt einen winzigen hellen Fleck: das Schlüsselloch! In der Öffnung konnten wir das Licht aus dem Nebenraum wahrnehmen, das aber nicht in unseren Raum hineinstrahlte.

Sofort fand sich ein mutiges Kind, das sich mit vorsichtigen Schritten auf den Weg zur Tür machte und sie öffnete.

Wer nun meint, alle Kinder wären ins Helle gestürmt, irrt: Beinahe jeder wollte nun auch noch die „Mutprobe" bestehen und durchs Dunkle zur geschlossenen Tür gehen!

Die tiefe Dunkelheit, die wir damals erlebten, war schon ungewöhnlich. Wir begegnen ihr in unserer Zivilisation eher selten. Umso wichtiger war diese Erfahrung für die Kinder, die sich in dieser Situation, in der unser vielleicht wichtigster Sinn, das Sehen, ausgeschaltet war, dennoch geborgen fühlten durch die vertrauten Stimmen und die Berührungen.

Das Kind in mir

Immer gibt es einen Kleinen
ganz tief in mir drinnen,
der das Leben wie ein Kind
spürt mit allen Sinnen.

Die Autorin bei Don Bosco

Das Buch bietet zahlreiche Bausteine mit Begrüßungs-liedern, Fingerspielen und Bewegungsversen. Auch an Geburtstage und Festzeiten wie Fasching und Advent ist gedacht!

96 Seiten, Notensatz, farbige Illustrationen
ISBN 978-3-7698-1855-0

Diese rund 60 Spiel- und Bewegungslieder erzählen von Tieren, den Jahreszeiten und vom Wetter. Mit Gesten und Tänzen entdecken die Unter-Dreijährigen die Möglich-keiten ihres Körpers und schulen ihre Wahrnehmung.

96 Seiten, Notensatz, farbige Illustrationen, inkl. Musik-CD
ISBN 978-3-7698-1880-2

Fingerspiele und Bewegungsverse sind das Herzstück der praktischen Arbeit mit Krippenkindern. Ingrid Gnettner öffnet ihr Schatzkästchen an Reimen, die bei der nötigen Einfachheit Niveau haben und Witz und Charme entfalten.

96 Seiten, farbige Illustrationen
ISBN 978-3-7698-1840-6

www.donbosco-medien.de

LEBENDIG. KREATIV. PRAXISNAH.